คำนำ

เป็นความโชคดีของคนไทย ที่มีสมุนไพรไทย ถูกปรุงแต่งรวม
ไปในอาหารหลายหลากชนิด จนขึ้นชื่อไปทั่วโลกอย่างเช่น "**ต้มยำกุ้ง**"
อาหารไทยจึงมีคุณสมบัติเป็นยาในตัว และยังมีกลิ่นน้ำมันหอมระเหย
จากสมุนไพรไทย โชยออกมา หลังจากที่ถูกปรุงแต่งอาหารเสร็จแล้ว

เราได้รวบรวม วิธีการเตรียมและการทำอาหาร โดยไม่ได้ดัดแปลง
ให้แตกต่างจากอดีตเลยแม้แต่น้อย เพราะฉะนั้นจึงเชื่อมั่นได้ว่า ท่านจะ
ได้รับการถ่ายทอดที่ถูกต้อง และรสชาติที่ดี จากผู้ใหญ่หลายๆ ท่านที่
เชี่ยวชาญในการทำอาหาร

เราได้พิถีพิถันในเรื่องของการเตรียมงาน วิธีทำ แม้กระทั่ง
ขั้นตอนของการถ่ายภาพ และงานศิลป์ เพื่อหวังแต่เพียงว่า ให้เป็นที่ถูกใจ
และคุ้มค่า สำหรับผู้ที่เป็นเจ้าของหนังสือเล่มนี้

หนังสือเล่มนี้จึงเหมาะสมอย่างยิ่งที่จะใช้เป็นของฝาก หนังสือ
คู่ครัว ทั้งชาวไทย และชาวต่างชาติที่หลงใหลในรสชาติอาหารไทย

PREFACE

Thai people are so lucky that they can taste a
great variety of foods mixed up with herbal plants that
bring them to be well known all over the world like "Tom
Yum Gung". Thai foods are also believed to be medicinal
in themselves with sweet scent permeated from herbal
plants after being cooked.

We try to keep the book without any adaptation
from the olden days especially when it comes to the
procedure of preparation and traditional cuisine. You can
be sure that you would get the right information from
many experts in this field.

With our careful effort in carrying out the whole
process including photography and artwork, we are
hopeful that you will find the book satisfactory and
worthwhile.

We further believe that it should be a treasure for
Thais and foreigners who are enthusiastic about the art of
cuisine.

สารบัญ/Contents

GOLDEN MOUNTAIN

SEASONING SAUCE GREEN CAP

VINEGAR

LIGHT SOY SAUCE

KITCHEN SAUCE

SEASONING SAUCE YELLOW CAP

TABLE SAUCE

www.goldenmountainsauce.com

บริษัท ไทยเทพรสผลิตภัณฑ์อาหาร จำกัด (มหาชน)
208 หมู่ 6 ถ.ท้ายบ้าน ต.ท้ายบ้าน อ.เมือง จ. สมุทรปราการ 10280 โทร. 0-2703-4444 โทรสาร 0-2387-1163

สารบัญ/Contents

สารบัญ/Contents

Lucky Flame

ลัคกี้เฟลมจุดประกายความสุขทุกครัวเรือน

Rinnai
มั่นใจคุณภาพ มั่นใจรินไน

เตาแก๊สอัจฉริยะ
MODEL : SS-888

* ระบบป้องกันภาชนะใหม่
* ระบบป้องกันอุณหภูมิสูงเกิน 270°C
* ระบบตั้งเวลา 4 ชม.
* ระบบต้มน้ำร้อนอัตโนมัติ
  ปิดแก๊สให้เองด้วยระบบดิจิตอล
* ระบบควบคุมอุณหภูมิคงที่
  16°c -18°c-20°c

RFA-334
เตาทอด
มีระบบตัดแก๊สอัตโนมัติ
ปรับอุณหภูมิได้ 50°C-220°C

RGP-46A
เตาย่าง-เตาปิ้งแก๊ส
มีระบบจุดอัตโนมัติ
หัวเตาอินฟาเรด

RB-3EB
ชุดเตาฝัง
ระบบวาล์วนิรภัย
ตัดแก๊สทันที เมื่อเปลวไฟดับ

RCC-126
เตาแก๊สพร้อมเตาอบ
ทนทานต่อการใช้งานหนัก

HQ-712SS
เตาแก๊ส ระบบความปลอดภัยสูง
ตัดแก๊สทันทีเมื่อเปลวไฟดับ

LFO-2002S
เตาแก๊สดีไซน์ทันสมัยหน้าโค้งมนไร้เหลี่ยมมุม

RDW-720G
เครื่องล้างจานอัตโนมัติ แบบใช้แก๊ส
ล้างได้ต่อเนื่อง ด้วยระบบน้ำร้อน 90°C

RA-992S
เครื่องดูดควันรุ่นกระโจม

R-833S
เครื่องดูดควัน

LF-450WH
เครื่องทำน้ำอุ่นไฟฟ้า

LF-383
เตาอบแก๊ส พร้อมเตาแก๊ส 3 หัวเตา

LR-55A
หม้อหุงข้าวแก๊สขนาด 10 ลิตร

LMC-351
หม้อสุกี้เอนกประสงค์

ระบบน้ำร้อนแก๊ส
เหมาะสำหรับโรงแรม,รีสอร์ท,เกสต์เฮาส์,บังกะโล

จัดจำหน่ายโดย **บริษัท ลัคกี้เฟลม จำกัด** โทร 0-2312-4330-40, แฟกซ์ 0-2750-0300, 0-2312-4341
show room **ลัคกี้เฟลม** เซ็นทรัล สาขาบางนา ชั้น 4 ฝั่งพลาซ่า โทรศัพท์ 0-2361-0800-1 E-mail : lucky02@luckyflame.co.th URI : http://www.luckyflame.co.th

น้ำพริกกะปิ
Num-Prik-Kabi (Shrimp Paste Dipping)

ส่วนผสม		
กะปิเผาไฟในใบตอง	1	ช้อนโต๊ะ
กระเทียมแกะเปลือกแล้ว	1	ช้อนชา
พริกขี้หนูสวน แดง-เขียว	6	เม็ด
น้ำมะนาว	2-3	ช้อนโต๊ะ
น้ำตาลปี๊บ	1	ช้อนโต๊ะ
มะเขือพวง	10	ผล
มะอึกขูดขนออกซอยบางๆ	1	ลูก

วิธีทำ

1. โขลกพริกขี้หนู กระเทียม พอแตก ใส่กะปิโขลกให้เข้ากัน
2. ปรุงรสด้วยน้ำตาล น้ำมะนาว น้ำปลา โขลกให้เข้ากันอีกครั้ง
3. ใส่มะเขือพวงบุบพอแตก ใส่มะอึก ตักใส่ถ้วยเสิร์ฟ รับประทานกับปลาทูทอด ไข่เจียว ชะอมและผักสดต่างๆ

Ingredients

Shrimp paste wrapped by banana leaf, grilled	1	tablespoon
Garlic peeled	1	teaspoon
Red-Green bird shit chili	6	pieces
Lemon juice	2-3	tablespoons
Palm sugar	1	tablespoon
Baby green egg	10	pieces
Solanum ferox, sliced thinly	1	piece

Directions

1. To grind coarsely chili, garlic, add shrimp paste, grind all until well combined.
2. Taste with sugar, lemon juice, fish sauce and grind all until well combined.
3. Add beaten coarsely baby green egg, solanum ferox, remove to small bowl and serve with deep fried mackerel fish, omelet, fresh licorice, vegetables.

ยำเห็ดฟาง
Yum-Hed-Fang (Thai white mushroom salad)

ส่วนผสม

เห็ดโคนหรือเห็ดฟาง ล้างปอกให้สะอาด	250	กรัม
กุ้งชีแฮ้ (แกะเปลือก เอาหัว และเส้นหลังออก)	100	กรัม
ตะไคร้ซอยละเอียด	$^1/_2$	ถ้วยตวง
ใบมะกรูดซอยละเอียด	1	ช้อนโต๊ะ
ใบสะระแหน่	1	ถ้วยตวง
น้ำพริกเผา	2	ช้อนโต๊ะ
น้ำมะนาว	2 $^1/_2$	ช้อนโต๊ะ
น้ำตาลทราย	2	ช้อนชา
น้ำปลาดี	2	ช้อนโต๊ะ

Ingredients

Mushroom peeled, cleaned	250	grams
Shrimp peeled, headed in, deveined	100	grams
Lemon grass minced	$^1/_2$	cup
Kaffir lime leaves minced	1	tablespoon
Mint	1	cup
Black chili paste	2	tablespoons
Lemon juice	2 $^1/_2$	tablespoons
White sugar	2	teaspoons
Fish sauce	2	tablespoons

วิธีทำ

1. ลวกเห็ดโคนและ กุ้ง ในน้ำเดือดพอสุก ตักขึ้นพักไว้
2. ผสมน้ำยำ น้ำพริกเผา น้ำมะนาว น้ำตาลทราย น้ำปลา ให้ละลายเข้ากัน
3. นำเห็ด กุ้ง ตะไคร้ ใบมะกรูด และน้ำยำคลุกเคล้าให้เข้ากัน โรยหน้าด้วยใบสะระแหน่

Directions

1. To scald mushroom, shrimp in to hot water until cooked well, remove, set aside.
2. Stir together black chili paste, lemon juice, sugar, fish sauce until combined well as salad juice.
3. Mix well mushroom, shrimp, lemon grass, and kaffir lime with salad juice. Sprinkle with mints.

ยำเนื้อ
Yum-Neua (Grilled Beef Salad)

ส่วนผสม

เนื้อสันใน	1/2	กิโลกรัม
แตงกวาหั่นชิ้นบาง	3-4	ผล
มะเขือเทศผลโต หั่นเสี้ยว	5-6	ผล
หัวหอมใหญ่หั่นชิ้นบาง	1	หัว
ใบสะระแหน่	1	กำ
ต้นหอม ผักชี	2-3	ต้น
รากผักชี	2	ช้อนชา
กระเทียม	1	ช้อนชา
พริกไทย	1/2	ช้อนชา
เหล้า	1	ช้อนชา
ซีอิ๊วขาว	2	ช้อนโต๊ะ
น้ำปลาดี	3	ช้อนโต๊ะ
น้ำมะนาว	2 1/2	ช้อนโต๊ะ
น้ำตาลทราย	1/2	ช้อนโต๊ะ
พริกขี้หนูบุบพอแตก	1 1/2	ช้อนโต๊ะ

วิธีทำ

1. โขลกรากผักชี กระเทียม พริกไทย ให้ละเอียด
2. นำเนื้อใส่ภาชนะ ใส่ซีอิ๊วขาว เหล้า และเครื่องที่โขลกไว้ในข้อ 1 คลุกเคล้าให้เข้ากัน พักไว้ 1-2 ชั่วโมง
3. ย่างเนื้อด้วยไฟอ่อนจนสุกทั่วทั้งชิ้น หั่นเนื้อให้บางพอประมาณ
4. ปรุงรสน้ำยำด้วยน้ำปลา น้ำมะนาว น้ำตาลทราย และพริกขี้หนูให้เข้ากัน
5. นำเนื้อย่างใส่ภาชนะ ใส่แตงกวา มะเขือเทศ หัวหอมใหญ่ ต้นหอม และน้ำยำ คลุกเคล้าให้เข้ากัน ตักใส่ภาชนะ โรยหน้าด้วยผักชี และใบสะระแหน่

Ingredients

Beef-tenderloin	1/2	kilogram
Cucumber cut slightly and diagonally	3-4	pieces
Big Tomato cut into section	5-6	pieces
Big onion cut slightly	1	piece
Mint leaves	1	cup
Onion leaves, cilantro leaves	2-3	pieces
Cilantro root	2	teaspoons
Garlic	1	teaspoon
Pepper	1/2	teaspoon
Brandy	1	teaspoon
Soya sauce	2	tablespoons
Fish sauce	3	tablespoons
Lemon juice	2 1/2	tablespoons
Sugar	1/2	tablespoon
Thai bird chilies crushed	1 1/2	tablespoons

Directions

1. Finely grind cilantro root, garlic, and pepper.
2. Place beef into bowl; add Soya bean, brandy, ground recipes from first step. Mix all until well combine and set aside 1-2 hrs.
3. Grill prepared beef over heat at light temperature until well done. Slice cut grilled beef thinly.
4. For preparing salad sauce, mix well fish sauce, lemon juice, sugar and chilies
5. In the bowl place grill beefs; add cucumber, tomato, onion, onion leaves and salad sauce. Stir all until well combined. Remove and sprinkle with cilantro leaves and mint leave for serve.

เปาะเปี๊ยะทอด
Po-Pea-Tod (Spring roll)

ส่วนผสม

แป้งเปาะเปี๊ยะ	500	กรัม
วุ้นเส้น	100	กรัม
เนื้อปูทะเลแกะเนื้อ	1	ถ้วยตวง
เนื้ออกไก่สับ	1	ถ้วยตวง
เห็ดหอมแช่น้ำหั่นเส้น	5	ดอก
หน่อไม้จีนหั่นเส้น	1	ถ้วยตวง
กะหล่ำปลีหั่นเส้น	1	ถ้วยตวง
กระเทียม	1	ช้อนชา
รากผักชี	1	ช้อนชา
พริกไทย	1/2	ช้อนชา
น้ำตาลทราย	1	ช้อนโต๊ะ
ซีอิ๊วขาว	2	ช้อนโต๊ะ
น้ำปลา	1	ช้อนโต๊ะ
แป้งมันละลายน้ำตั้งไฟให้ข้น	3	ช้อนโต๊ะ
น้ำมันพืช	1	ขวด

ส่วนผสมน้ำจิ้ม

น้ำส้มสายชู	1	ถ้วยตวง
น้ำตาลทราย	1 1/2	ถ้วยตวง
เกลือป่น	2	ช้อนโต๊ะ
พริกชี้ฟ้าแดงโขลกละเอียด	1/2	ช้อนโต๊ะ
กระเทียมโขลกละเอียด	1/2	ช้อนโต๊ะ

วิธีทำ

1. โขลกรากผักชี กระเทียม พริกไทยให้ละเอียด นำลงผัดในน้ำมันพอหอม นำเนื้อไก่ลงผัดพอสุก ใส่วุ้นเส้น เห็ดหอม หน่อไม้จีน กะหล่ำปลี และเนื้อปู ผัดให้เข้ากัน
2. ปรุงรสด้วยน้ำปลา ซีอิ๊วขาว น้ำตาลทราย ชิมให้ได้รสตามต้องการ ยกลงพักไว้ให้เย็น
3. วางแผ่นแป้งให้เรียบตักส่วนผสมใส่ตรงกลาง วางเรียงให้เป็นแท่งยาว พับหัวท้ายแล้วม้วนให้เป็นแท่งกลม นำแป้งมัน ป้ายส่วนปลายแป้งม้วนให้แน่นติดกัน
4. ตั้งกระทะใส่น้ำมันให้ร้อน นำลงทอดให้เหลืองกรอบทั่วกันทั้งชิ้น ตักขึ้นพักให้สะเด็ดน้ำมัน รับประทานกับน้ำจิ้ม
5. ผสมน้ำส้มสายชู น้ำตาลทราย เกลือป่นให้เข้ากัน นำตั้งไฟเคี่ยวให้ส่วนผสมค้นเหนียว ยกลงใส่พริกและกระเทียม คนให้เข้ากัน รับประทานกับเปาะเปี๊ยะทอด

Ingredients

Spring roll skins	500	grams
Noodle jelly	100	grams
Crabmeat taken out of shell	1	cup
Chicken breast chopped	1	cup
Mushroom soaked and shredded	5	pieces
Bamboo shoots shredded	1	cup
Chinese cabbage shredded	1	cup
Garlic	1	teaspoon
Cilantro root	1	teaspoon
Pepper	$1/2$	teaspoon
Sugar	1	tablespoon
Soya sauce	2	tablespoons
Fish sauce	1	tablespoon
Cornstarch stirred into water and over heated until sticky	3	tablespoons
Vegetable oil	1	bottle

Dipping Sauce Recipes

White vinegar	1	cup
Sugar	1 $1/2$	cups
salt powder	2	tablespoons
Red chilli blended well	$1/2$	tablespoon
Garlic blended well	$1/2$	tablespoon

Directions

1. Grind cilantro root, garlic and pepper well. Then stir- fry them over heated oil until aromatic smell. Add chicken and stir again until well cooked. Place noodle jelly, mushroom, bamboo shoots, cabbage, crabmeat and stir-fry them until well combined.

2. Season with fish sauce, Soya sauce, sugar as favorite. Remove and set aside for cool.

3. Place spring roll skin on flat area, spoon prepared filling in the middle, spread the filling horizontally, fold the left-right corner, the bottom corner and roll upward until into sausage shape.

4. Heat oil into work for deep-frying, place spring rolls and fry until turned into yellow. Remove and drain from oil. Serve with dipping sauce.

5. Mix vinegar, sugar and salt well. Simmer over heat until sticky. Remove, and add chilli, garlic. Stir well for ready dipping sauce.

ก๋วยจั๊บเนื้อตุ๋น
Guay-Jub-Neua-Tun (Rice Paste with Braised Beef)

ส่วนผสม

เส้นกวยจั๊บ	500	กรัม
เนื้อวัวปนมันเล็กน้อย (เนื้อส่วนน่อง)		
หั่นชิ้นขนาด 1x1 นิ้ว	1	กิโลกรัม
โป๊ยกั๊ก	3	ดอก
อบเชยท่อนสั้น 1 ซ.ม.	1	ท่อน
รากผักชี	5	ราก
ซอสปรุงรส	1/4	ถ้วยตวง
ซีอิ๊วขาว	1/2	ถ้วยตวง
ซีอิ๊วดำ	1/2	ช้อนโต๊ะ
ผงพะโล้	1	ช้อนชา
เกลือ	1	ช้อนโต๊ะ
พริกไทยเม็ด	1	ช้อนชา
กระเทียมทุบ	1 1/2	ช้อนโต๊ะ
น้ำตาลทราย	3	ช้อนโต๊ะ
ผักชีและต้นหอม หั่นหยาบ ๆ พริกไทยป่น		
และพริกดองน้ำส้ม น้ำซุบ	10	ถ้วยตวง

วิธีทำ

1. ล้างเส้นกวยจั๊บ นำลงต้มในน้ำเดือดให้เส้นนุ่ม นำขึ้นแช่ในน้ำเย็นพักไว้
2. ต้มน้ำให้เดือดใส่ส่วนผสมทุกอย่างลงไปต้มให้เดือดพล่าน ช้อนฟองออก และหรี่ไฟลง ตุ๋นต่อไปจนเนื้อนุ่ม
3. ตักเส้นกวยจั๊บใส่ชามแล้วจึงตักเนื้อตุ๋นใส่พร้อมน้ำด้วย โรยหน้าด้วย ต้นหอม ผักชี พริกไทยป่น รับประทานกับพริกน้ำส้มถ้าชอบปรุงรสเพิ่ม

Ingredients

Large size rice paste	500	grams
Beef mixed fat partly (only calf)		
cut into 1x1 inches	1	kilogram
star anise	3	pieces
Cinnamon 1 cm. length	1	piece
Cilantro root	5	pieces
Seasoning sauce	1/4	cup
Soybean sauce	1/2	cup
Brown sweet sauce	1/2	cup
Chinese five spice (Aniseed star powder)	1	teaspoon
Salt	1	tablespoon
Pepper (in piece)	1	teaspoon
Garlic chopped coarsely	1 1/2	tablespoons
White sugar	3	tablespoons
Cilantro leaves and fresh green onion cut		
coarsely. Pepper blended finely, chili pickled		
by vinegar Clear soup	10	cups

Directions

1. Clean rice paste; boil them into water until tender, take rice paste into cool water. Set aside.
2. Heat water just to boiling, put all ingredients, heat through until boiling, dip bubble out while slowly heating. Simmer until beef tender.
3. Place rice paste into serve bowl, take soup with beef on prepared rice paste, and sprinkle with cilantro leaves, green onion and blended pepper. Serve with pickled chili if preferably more taste.

ต้มยำกุ้ง
Tum-Yum-Krung (Spicy soup with prawn and lemon grass)

ส่วนผสม			Ingredients		
กุ้งก้ามกราม	3	ตัว	Prawn	3	pieces
ข่าหั่นแว่น	5	แว่น	Galangal cut into oval	5	pieces
ตะไคร้ทุบพอแตก สับเป็นท่อนๆ ประมาณ 2 นิ้ว	2	ต้น	Lemon grass crushed, cut into 2 inches length	2	pieces
พริกขี้หนูสวนแดง-เขียว ทุบพอแตก	15	เม็ด	Red-Green bird-shit chili, crushed	15	pieces
ใบมะกรูดฉีกหยาบๆ	5	ใบ	Kaffir lime leave torn coarsely	5	leaves
มะเขือเทศสีดา ผ่าครึ่ง	3	ผล	Plum tomato cut half	3	pieces
เห็ดฟางตูมๆ ผ่าครึ่ง	5	ดอก	Champignon mushroom cut half	5	leaves
น้ำมะนาว	1 1/2	ผล	Lemon juice	1 1/2	pieces
น้ำปลาดี	3	ช้อนโต๊ะ	Fish sauce	3	tablespoons
นมสด	1/2	ถ้วย	Milk	1/2	cup
น้ำพริกเผา	3	ช้อนโต๊ะ	Black shrimp paste	3	tablespoons
ผักชีโรยหน้า			Cilantro leaves for sprinkle		
น้ำซุป	3	ถ้วยตวง	Clear soup	3	cups

วิธีทำ

1. ต้มน้ำซุป ใส่ข่า ตะไคร้ พอเดือด ใส่กุ้ง
2. ใส่เห็ดฟาง มะเขือเทศ ปรุงรสด้วยน้ำพริกเผา น้ำปลา น้ำมะนาว
3. ใส่นมสด พริกขี้หนู ใบมะกรูด โรยหน้าด้วยผักชี

Directions

1. Boil clear soup, add galangal, lemon grass. Heat just to boil, add prawn.
2. Add mushroom, plum tomato. Season with black shrimp paste, fish sauce, lemon juice.
3. Add milk, bird-shit chili, and kaffir lime leave. Sprinkle with cilantro leaves.

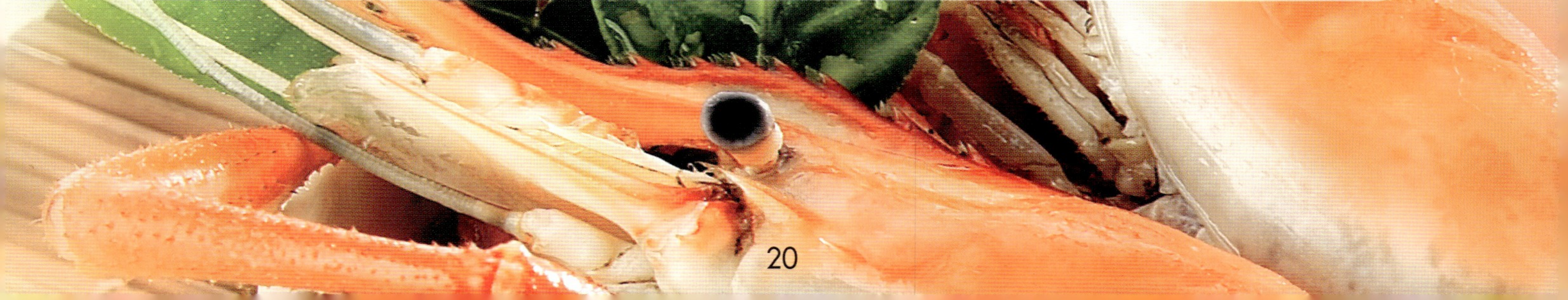

น้ำพริกอ่อง
Num-Prik-Oong (Plump Tomato Dipping)

ส่วนผสม			Ingredients		
หมูสับ	2	ขีด	Pork chopped	2	grams
มะเขือเทศสีดา	12	ลูก	Plump tomato	12	pieces
หอมแดง	12	หัว	Red shallot	12	pieces
กระเทียม	15	กลีบ	Garlic	15	cloves
เกลือ	1 1/2	ช้อนชา	Salt	1 1/2	teaspoons
ตะไคร้หั่นฝอย	3	ช้อนโต๊ะ	Lemon Grass to slice	3	tablespoons
เต้าเจี้ยวขาว (เฉพาะเม็ดถั่ว)	1	ช้อนโต๊ะ	White Bean Paste	1	teaspoon
น้ำมันพืช			Vegetable Oil		
ผักชี			Cilantro		
กะปิ	1/2	ช้อนโต๊ะ	Shrimp paste	1/2	tablespoon
พริกชี้ฟ้าแห้ง	9	เม็ด	Dried chili	9	pieces

วิธีทำ

เอาพริกแห้งแช่น้ำบีบให้แห้ง โคลกใส่เกลือนิดหน่อย ใส่กระเทียม 5 กลีบ หัวหอม 3 หัว ตะไคร้ เต้าเจี้ยว กะปิ 1/2 ช้อนโต๊ะ ให้ละเอียด จึงใส่หมูสับลงไปโขลกต่อและหั่นมะเขือเทศเป็นชิ้นเล็กๆ ใส่ลงไปบุบพอแตก เอาหัวหอมที่เหลือมาหั่นเป็นแว่นบางๆ เอากระเทียมปอกเปลือกมาทุบสับ เอาน้ำมันใส่กระทะ เจียวหัวหอม และกระเทียมให้เหลือง เอาน้ำพริกที่โขลกละเอียดแล้วลงผัดให้หอม ใส่หมูลงไปผัด ชิมรสดูถ้าจืดเติมน้ำปลา 2 ช้อนโต๊ะ ตักใส่ชาม โรยด้วย ผักชี

Directions

Soak dried chili into water, squeeze until dry, grind with a little bit of salt Add 5 cloves of garlic, 3 cloves of red shallots, 1/2 tablespoon of shrimp paste Cut plump tomato into thin pieces, slice left over red shallots into oval shape, Crush peeled garlic. Heat oil into the skillet, fry red shallot and garlic in oil until yellow turned, remove and set aside. Heat oil into the skillet, add prepared chili paste and stir-fry unit aromatic, add chopped pork and cut plump tomato, stir-fry, taste with 2 tablespoons of fish sauce. Ready to serve.

ผัดกระเพราไก่

Pad-Grapau-Gai (Fried chicken with basil leaves)

ส่วนผสม

เนื้อไก่	1/2	กิโลกรัม
พริกขี้หนูสวน	45	เม็ด
เหล้า	1 1/2	ช้อนโต๊ะ
กระเทียม	2	ช้อนโต๊ะ
พริกชี้ฟ้าเหลือง	8	เม็ด
ใบกระเพรา	2	ถ้วยตวง
น้ำมันพืช		
น้ำปลา	4	ช้อนโต๊ะ
น้ำตาล	1	ช้อนโต๊ะ

วิธีทำ

1. โขลกพริกชี้ฟ้า พริกขี้หนูกับกระเทียม พอแหลก
2. ตั้งกระทะใส่น้ำมันพืช พอร้อนใส่พริกลงผัด พอมีกลิ่นหอม ใส่เนื้อไก่ลงผัดให้เข้ากัน
3. ปรุงรสด้วย น้ำปลา น้ำตาล เหล้า พอสุกใส่ใบกระเพรา ผัดให้เข้ากันอีกครั้ง ยกลง รับประทานร้อนๆ

Ingredients

Chicken meat	1/2	kilogram
Small bird shit chills	45	pieces
Brandy	1 1/2	tablespoons
Garlic	2	tablespoons
Yellow chili	8	pieces
Basil leaves	2	cups
Vegetable oil		
Fish sauce	4	teaspoons
Sugar	1	tablespoon

Directions

1. Grind chili with garlic just coarsely.
2. Heat oil into the skillet just to heat, add prepared chili, stir-fry until aromatic. Add chicken meat and stir-fry until well combined.
3. Season with fish sauce, sugar, and brandy and until cooked. Add yellow chili, basil leaves and stir-fry well. Remove and serve while warm.

ยำหัวปลี
Yum-hua-pree (Banana Blossom Flowers Salad)

ส่วนผสม

หัวปลี	3	หัว
กุ้งกุลาดำ	200	กรัม
เนื้ออกไก่ต้มฉีกเป็นเส้น	$^1/_2$	ถ้วยตวง
หัวหอมแดงซอยเจียวให้เหลือง	2	ช้อนโต๊ะ
มะพร้าวขูดคั่วให้เหลืองกรอบ	100	กรัม
พริกชี้ฟ้าแดงหั่นฝอย	3-5	เม็ด
ผักกาดหอม ผักชี (ตกแต่ง)		

ส่วนผสมน้ำยำ

น้ำตาลปี๊บ	1	ช้อนโต๊ะ
น้ำปลาดี	1	ช้อนโต๊ะ
น้ำมะนาว	1	ช้อนโต๊ะ
น้ำพริกเผา	2	ช้อนโต๊ะ

วิธีทำ

1. นำหัวปลีมาย่างไฟให้สุก ลอกเปลือกนอกออก
2. นำส่วนผสมน้ำยำผสมให้เข้ากัน
3. ฉีกหัวปลีให้เป็นเส้น ใส่เนื้อไก่ กุ้ง มะพร้าวคั่ว หอมแดง พริกชี้ฟ้าซอย คลุกเคล้าให้เข้ากันราดด้วยน้ำยำเคล้าให้เข้ากัน โรยหน้าด้วยผักชี รับประทานกับผักกาดหอม

Ingredients

Banana blossom flower	3	pieces
Shrimp	200	grams
Chicken meat only breast part, boiled cooking, torn into small pieces	$^1/_2$	cup
Red shallot, thinly sliced, fried until yellow	2	tablespoons
Coconut meat scraped, roasted until yellow	100	grams
Red chili cut finely	3-5	pieces
Lettuce, Cilantro (for decorative)		

Salad juice recipes

Palm sugar	1	tablespoon
Fish sauce	1	tablespoon
Lemon juice	1	tablespoon
Black shrimp paste	2	tablespoons

Directions

1. Grill banana blossom flower until cooked, peel outer shell.
2. Mix all salad juice recipes until well combined.
3. Tear grilled banana blossom flowers into small pieces, add chicken meat, shrimp, roasted coconut meat, shallot, chili and stir them until well combined. Add salad juice, mix well, sprinkle with cilantro, serve with lettuce.

ผัดเปรี้ยวหวานกุ้งนาง

Pad-Priow-Wahn-Kung-Nang (Sweet and Sour sauce fried with Prawn)

ส่วนผสม

กุ้งนางใหญ่ (ปอกเปลือก เอาหัวและเส้นหลังออก)	5	ตัว
พริกหยวก (เอาเม็ด หั่นตามยาว)	1/2	ถ้วยตวง
ต้นหอม (หั่นเป็นท่อนๆ ประมาณ 1 1/2 นิ้ว)	1/4	ถ้วย
หอมใหญ่ (หั่นเป็นชิ้นพอคำ)	1/2	ถ้วยตวง
แตงกวา (หั่นพอดีคำ)	1/2	ถ้วยตวง
มะเขือเทศสีดาห่ามๆ	1	ถ้วยตวง
พริกไทยป่น	1/2	ช้อนชา
ซีอิ๊วขาว	2	ช้อนโต๊ะ
น้ำส้มสายชูกลั่น	1	ช้อนชา
น้ำตาลทราย	2	ช้อนโต๊ะ
น้ำมันพืช		
ซอสมะเขือเทศ	1/2	ถ้วยตวง

วิธีทำ

1. ตั้งกระทะใส่น้ำมันพอร้อนนำหอมใหญ่ลงผัดพอสุก ใส่แตงกวา พริกหยวก กุ้งผัดพอสุก
2. ปรุงรสด้วยซีอิ๊วขาว น้ำตาล ซอสมะเขือเทศ พริกไทยป่นผัดให้ส่วนผสมเข้ากัน เติมน้ำเล็กน้อย ใส่มะเขือเทศและต้นหอมผัดให้เข้ากันอีกครั้งยกลง

Ingredients

Prawn peeled, headed in, deveined	5	pieces
Paprika cut lengthwise	1/2	cup
Onion leaves cut into 1 1/2 inch. Length	1/4	cup
Onion cut into well pieces	1/2	cup
Cucumber cut into well pieces	1/2	cup
Plum tomatoes half- ripe	1	cup
Pepper powder	1/2	teaspoon
Soya bean sauce	2	tablespoons
Vinegar	1	teaspoon
White sugar	2	tablespoons
Vegetable oil		
Tomato sauce	1/2	cup

Directions

1. Heat oil in the skillet over heat, stir-fry onion well done, adds cucumber, paprika , prawn and stir-fry until cooked.
2. Season by Soya bean sauce, sugar, tomato sauce, pepper powder, drop some water and stir. Add plum tomatoes, green onion and stir-fry until well combined. Ready to serve.

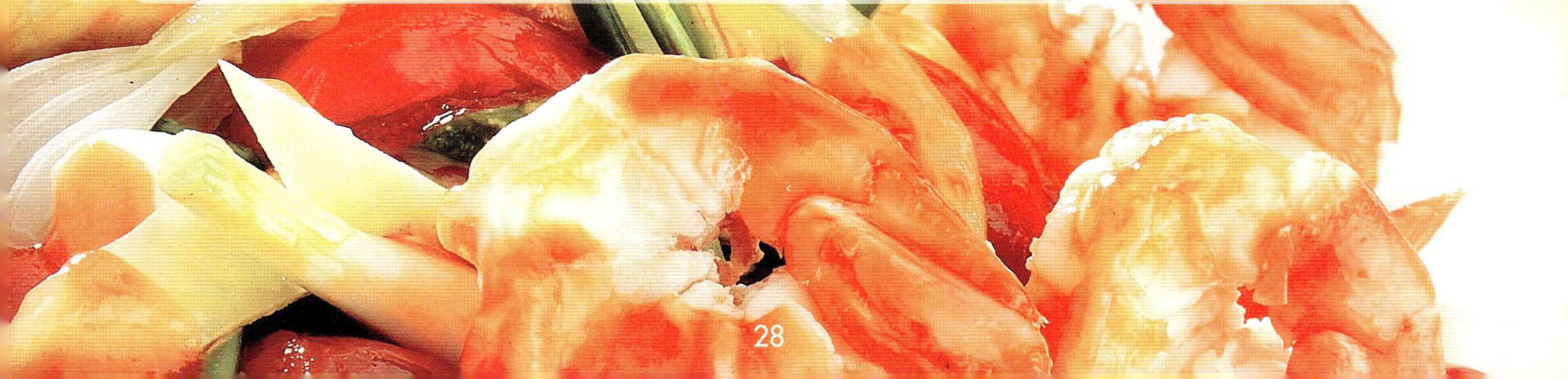

หอยทอด
Hoy-Tod (Fried sea mussel)

<table>
<tr><td colspan="3">ส่วนผสม</td><td colspan="3">Ingredients</td></tr>
<tr><td>หอยแมลงภู่</td><td>500</td><td>กรัม</td><td>Mussel</td><td>500</td><td>Grams</td></tr>
<tr><td>ไข่ไก่</td><td>5</td><td>ฟอง</td><td>Eggs</td><td>5</td><td>pieces</td></tr>
<tr><td>แป้งข้าวเจ้า</td><td>1 $^1/_4$</td><td>ถ้วยตวง</td><td>Rice Flour</td><td>1 $^1/_4$</td><td>cups</td></tr>
<tr><td>แป้งเท้ายายม่อม</td><td>$^1/_4$</td><td>ถ้วยตวง</td><td>Arrowroot flour</td><td>$^1/_4$</td><td>cup</td></tr>
<tr><td>เกลือ</td><td>1</td><td>ช้อนชา</td><td>Salt</td><td>1</td><td>teaspoon</td></tr>
<tr><td>น้ำปูนใส</td><td>1 $^1/_2$</td><td>ถ้วยตวง</td><td>Lime-Liquid</td><td>1 $^1/_2$</td><td>cups</td></tr>
<tr><td>ถั่วงอก</td><td>500</td><td>กรัม</td><td>Bean sprouts</td><td>500</td><td>Grams</td></tr>
<tr><td>ต้นหอม ผักชี</td><td>$^1/_2$</td><td>ถ้วยตวง</td><td>Onion and cilantro leaves</td><td>$^1/_2$</td><td>cup</td></tr>
<tr><td>พริกไทยป่น</td><td>1</td><td>ช้อนชา</td><td>Pepper powder</td><td>1</td><td>teaspoon</td></tr>
<tr><td>น้ำปลา</td><td>2</td><td>ช้อนโต๊ะ</td><td>Fish sauce</td><td>2</td><td>tablespoons</td></tr>
<tr><td>กระเทียมสับ</td><td>2</td><td>ช้อนโต๊ะ</td><td>Garlic chopped</td><td>2</td><td>tablespoons</td></tr>
<tr><td>ซอสพริก</td><td>$^1/_2$</td><td>ถ้วยตวง</td><td>Chili sauce</td><td>$^1/_2$</td><td>tablespoon</td></tr>
<tr><td>น้ำมันพืช</td><td></td><td></td><td>Vegetable oil</td><td></td><td></td></tr>
</table>

วิธีทำ

1. ผสมแป้งข้าวเจ้า แป้งเท้ายายม่อม เกลือแล้วจึงค่อยๆ ใส่น้ำปูนใสลงไป คนให้ส่วนผสมเข้ากัน

2. ใส่น้ำมันลงในกระทะแบนตั้งไฟให้ร้อนปานกลาง ตักแป้งที่ผสมไว้ $^3/_4$ ถ้วยตวง ใส่ถ้วยใส่หอยแมลงภู่คนให้เข้ากัน นำลงทอดในกระทะให้เป็นแผ่น

3. ใส่ไข่เกลี่ยให้ทั่ว ทอดให้แป้งสุกเหลืองกรอบ ตัดให้เป็นชิ้น โรยหน้าด้วยต้นหอมและผักชี

4. นำกระเทียมลงผัดในน้ำมันเล็กน้อยพอเหลืองใส่ถั่วงอก ปรุงรสด้วยน้ำปลาผัดพอสุก แล้วจึงผัดหอยกับถั่วงอกให้เข้ากัน ตักเสิร์ฟร้อนๆ รับประทานกับซอสพริก

Directions

1. Mix rice flour and Arrowroot flour, add sour, drop some water weaken base, mix all until well combined.

2. Heat oil into the saucepan over medium heat. Put $^3/_4$ cup of prepared flour into small bowl, add mussel and stir well. Fry into the saucepan over heat until formed as one piece.

3. Break eggs over, spread, fry until turned yellow, cut into piece, top with onion and cilantro leaves.

4. Stir-fry chopped garlic until turned yellow, add bean sprouts, season with fish sauce, stir-fry until cooked, add prepared mussel and stir fry until well combined. Warm serve with chili sauce.

31

สุกี้
Su-ki (Chinese Fondue)

ส่วนผสม

กุ้งกุลาดำ	200	กรัม
ปลาหมึกสดบั้งเป็นตารางหั่นชิ้น	200	กรัม
ปลาหมึกกรอบบั้งเป็นตารางหั่นชิ้น	150	กรัม
ไข่ไก่	3	ฟอง
ผักกาดขาว	50	กรัม
ขึ้นฉ่าย	50	กรัม
ผักบุ้ง	50	กรัม
เห็ดฟาง	50	กรัม
น้ำซุป	6	ถ้วยตวง
หัวไชเท้า	150	กรัม
เห็ดหอม	5	ดอก
ซีอิ๊วขาว	1/4	ถ้วยตวง
เกลือ	1	ช้อนชา

ส่วนผสมน้ำจิ้ม

ซอสพริก	1	ถ้วยตวง
ซอสหอยนางรม	1/4	ถ้วยตวง
น้ำมันงา	1/4	ถ้วยตวง
น้ำตาลทราย	1/4	ถ้วยตวง
เกลือ	1	ช้อนชา
งาขาวคั่ว	1/4	ถ้วยตวง
กระเทียมสับ	1/4	ถ้วยตวง
พริกขี้หนูสับ	1/4	ถ้วยตวง
ผักชีสับหยาบ	1/4	ถ้วยตวง
มะนาว (ถ้าชอบเปรี้ยว)		

วิธีทำ

1. ปรุงน้ำจิ้มผสมซอสพริก ซอสหอยนางรม น้ำมันงา น้ำตาลทราย และเกลือ ตั้งไฟเคี่ยวให้ข้นยกลง ตักกระเทียม พริก ผักชี มะนาว งาขาว โรยหน้า
2. ตั้งน้ำซุปให้เดือดใส่หัวไชเท้าและเห็ดหอมปรุงรสด้วยเกลือและซีอิ๊วขาว
3. ต้มน้ำให้เดือดลวกเนื้อสัตว์และผักสดพอสุกใส่ชาม ใส่น้ำซุปพอท่วม เสิร์ฟกับน้ำจิ้มสุกี้

Ingredients

Shrimp	200	grams
Fresh squid cut diagonally into pieces	200	grams
Preserved (Pickle) squid diagonally faced, cut into pieces		
Egg	3	pieces
White Chinese cabbage	50	grams
Celery	50	grams
Creeper vegetable	50	grams
Mushroom	50	grams
Chicken clear soup	6	cups
White radish	150	grams
Fragrant mushroom	5	pieces
Soya bean sauce	1/4	cup
Salt	1	teaspoon

Dipping sauce recipes

Chili sauce	1	teaspoon
Oyster sauce	1/4	cup
Sesame oil	1/4	cup
Sugar	1/4	cup
Salt	1	teaspoon
White sesame roasted	1/4	cup
Garlic chopped	1/4	cup
Bird shit chili chopped	1/4	cup
Cilantro chopped coarsely	1/4	cup
Lemon juice (If favor on sour taste)		

Directions

1. For preparing the dipping sauce, mix chili sauce with oyster sauce, sesame oil, sugar and salt, Boil them over heat until reduced to thick sauce, remove, top with garlic, chili, cilantro, lemon juice white sesame.
2. Heat soup until boiling, add white radish, season with salt and Soya bean sauce.
3. Heat water until boiling, scald all meats, vegetables until well-done, drain, remove them into bowl, Put clear soup into. Serve with dipping sauce.

ปูจ๋า
Poo-Ja (Fried deep Crab meat)

ส่วนผสม

เนื้อปู	1	ถ้วยตวง
หมูบด	1/2	ถ้วยตวง
กุ้งสับ	1/2	ถ้วยตวง
ไข่ไก่	2	ฟอง
เกลือป่น	1/4	ช้อนชา
ซีอิ๊วขาว	2	ช้อนโต๊ะ
รากผักชี	1	ช้อนชา
กระเทียม	1	ช้อนชา
พริกไทย	1/2	ช้อนชา
ผักชี พริกชี้ฟ้าแดงหั่นฝอย	1/4	ถ้วยตวง
เกล็ดขนมปังป่น	1	ถ้วยตวง
ไข่เค็มดิบ (ไข่แดง)	1	ฟอง
ซอสพริก	1/2	ถ้วยตวง

วิธีทำ

1. โขลกรากผักชี กระเทียม พริกไทยให้ละเอียด นำหมู กุ้ง เนื้อปู และไข่ 1 ฟอง ผสมให้เข้ากัน ปรุงรสด้วยเกลือและซีอิ๊วขาว
2. ตักส่วนผสมใส่ในกระดองปูให้เต็ม วางไข่เค็มกดให้ติดแน่น นำเข้าตู้เย็น พักไว้ 10 นาที แล้วจึงนำใส่ในลังถึงนึ่งด้วยไฟแรง น้ำเดือดพล่านจนสุก นำออกมาพักให้เย็น
3. ผสมไข่ใส่ชาม นำปูที่นึ่งไว้ชุบในไข่ให้ทั่วแล้วนำไปคลุกเกล็ดขนมปัง
4. นำลงทอดในน้ำมันร้อนไฟปานกลาง โดยใส่ปูคว่ำหน้าลงทอดให้เหลืองสุก พักขึ้นให้สะเด็ดน้ำมัน
5. ตกแต่งด้วยผักชี และพริกชี้ฟ้าแดง รับประทานกับซอสพริก

Ingredients

Crabmeat	1	cup
Pork chopped finely	1/2	cup
Shrimp chopped	1/2	cup
Egg	2	pieces
Salt powder	1/4	teaspoon
Soy sauce	2	tablespoons
Cilantro root	1	teaspoon
Garlic	1	teaspoon
Pepper	1/2	teaspoon
Cilantro and red chili shredded	1/4	teaspoon
Bread crumbs	1	cup
Raw salted egg (Only yolk)	1	piece
Chili sauce	1/2	cup

Directions

1. Grind cilantro root, garlic, and pepper until well blended. Add pork, shrimp, crabmeat, and beaten egg until mixed well, add salt and soy sauce to taste.
2. Fill prepared meat up into crab shell, put yolk into and place firmly, then keep them cool 10 minutes in refrigerator. Later, take them into steam utensil over high heat until well cooking. Remove and set aside.
3. Break egg into bowl and entirely dip prepared crabmeat. Then, overlay breadcrumbs.
4. Heat the oil for deep-frying over moderate heat. Deep fry by facing down crab meat into hot oil until turned yellow. Remove and drain.
5. Decorate by cilantro and red chili. Serve along chili sauce.

โป๊ะแตก
Poh-Tag (Sea Food Spicy Soup)

ส่วนผสม			Ingredients		
ปูม้าตัวใหญ่ฉีกกระดองออก สับเป็นชิ้น	1	ตัว	Spider crab, shelled out, cut into pieces	1	piece
ปลาหมึกหั่นเป็นวงๆ หรือหั่นแล่สลับ	1/2	ถ้วยตวง	Squid cut into oval shape or sliced	1/2	cup
หอยแมลงภู่	6	ตัว	Sea Mussel, shelled	6	pieces
กุ้งชีแฮ้ ปอกเปลือก เอาหัวและเส้นที่หลังออก	7	ตัว	Shrimp, peeled, deveined	7	pieces
ปลากระพงแดงสดหั่นเป็นชิ้นพอดีคำ	1/2	ถ้วยตวง	Sea bass, cut into well pieces	1/2	cup
ตะไคร้ทุบตัดท่อนประมาณ 2 นิ้ว	2	ต้น	Lemon grass beaten slightly, 2 inches length cut	2	pieces
ใบกระเพรา	1/2	ถ้วยตวง	Basil leaves	1/2	cup
ใบมะกรูดเด็ดฉีกหยาบๆ	5	ใบ	Kaffir lime leaves, picked, torn coarsely	5	leaves
พริกขี้หนูสวนทุบพอแตกไม่ละเอียด	15	เม็ด	Bird-shit chili beaten coarsely	15	pieces
ข่าหั่นเป็นแว่นๆ	8	แว่น	Galanga cut into oval shape	8	pieces
น้ำมะนาว	3-5	ช้อนโต๊ะ	Lemon juice	3-5	tablespoons
น้ำปลาดี	3-5	ช้อนโต๊ะ	Fish sauce	3-5	tablespoons
น้ำเปล่า	4	ถ้วยตวง	Pure water	4	cups

วิธีทำ

1. ตั้งน้ำซุปใส่ข่า ตะไคร้ ใบมะกรูด รอให้เดือด
2. ใส่ปูม้า ปลากะพง หอย ปลาหมึก กุ้ง ปล่อยให้เดือดอีกครั้ง โดยไม่ต้องคน
3. ปรุงรสด้วย น้ำมะนาว น้ำปลา พริกขี้หนู ใส่ใบกระเพรา ยกลง เสิร์ฟร้อนๆ

Directions

1. Heat soup into pot over medium heat; add galanga, kaffir lime leaves, lemon grass, and heat until boiling.
2. Add spider crab, sea bass, mussels, squid, and shrimp. Wait until heat again not stir.
3. Season with lemon juice, fish sauce, bird-shit chili. Place basil leave and remove to serve immediately.

เนื้อผัดพริกไทยอ่อน

Nua-Pud-Prik-Thai-Aun (Beef fried with young green pepper)

ส่วนผสม

เนื้อวัวหั่นชิ้นพอดีคำ	1/2	ก.ก.
พริกชี้ฟ้า แดง เหลือง หั่นแฉลบ	1/2	ถ้วยตวง
พริกไทยอ่อน เป็นช่อ	2	ขีด
เหล้า	1	ช้อนโต๊ะ
น้ำปลา	3	ช้อนโต๊ะ
น้ำมันพืช	3	ช้อนโต๊ะ
น้ำตาลปี๊บ	1	ช้อนชา
กระชายซอย	1/4	ถ้วยตวง
น้ำพริกแกงเผ็ด	1/4	ถ้วยตวง

ส่วนผสมน้ำพริกแกง

พริกแห้งเม็ดใหญ่แกะเม็ดแช่น้ำ	7	เม็ด
หัวหอมแดงซอย	1-2	ช้อนโต๊ะ
กระเทียมซอย	1-2	ช้อนโต๊ะ
ข่าซอย	1	ช้อนชา
ผิวมะกรูดหั่นฝอย	1/2	ช้อนชา
รากผักชีสับละเอียด	1-2	ช้อนชา
ลูกผักชีคั่ว	1-2	ช้อนชา
ลูกยี่หร่าชีคั่ว	1-2	ช้อนชา
กะปิ	1	ช้อนชา

วิธีทำ

1. โขลกส่วนผสมน้ำพริกแกงทั้งหมดให้ละเอียดเข้ากัน พักไว้
2. ตั้งกระทะใส่น้ำมัน พอร้อนใส่น้ำพริกแกงลงผัดให้หอม จึงใส่เนื้อลงผัดให้สุก
3. ปรุงรสด้วยน้ำปลา น้ำตาล เหล้า ผัดให้เข้ากันใส่พริกชี้ฟ้าแดงหั่นแฉลบ พริกไทยอ่อน กระชายผัดให้เข้ากันอีกครั้ง ยกลง

Ingredients

Beef cut into well pieces	1/2	kilogram
Red-Yellow chili cut diagonally	1/2	cup
Green young pepper in bunch	200	grams
Brandy	1	tablespoon
Fish sauce	3	tablespoons
Vegetable oil	3	tablespoons
Palm sugar	1	teaspoon
Galingal minced	1/4	cup
Curry Paste	1/4	cup

Curry Paste Recipes

Dried red chili, big size, deseeded, soaked	7	pieces
Red shallot sliced	1-2	tablespoons
Garlic sliced	1-2	tablespoons
Galangal sliced	1	teaspoon
Kaffir lime skin finely shredded	1/2	teaspoon
Cilantro root minced	1-2	teaspoons
Cilantro seed roasted	1-2	teaspoons
Cumin seed roasted	1-2	teaspoons
Shrimp paste	1	teaspoon

Directions

1. To grind all curry recipes until well combined, set aside.
2. Heat oil into the skillet until hot, put curry paste, stir-fried until aromatic, add meat, fry until well cooked.
3. Taste by fish sauce, palm sugar, brandy, fry them until well combined. Add red chili, young green pepper, Chinese keys, fry them until well combined. Remove and ready to serve.

ผัดไทยกุ้งสด
Pad-Thai-Goong-Sod (Fried rice noodle with shrimp)

ส่วนผสม

เส้นเล็ก	300	กรัม
กุ้งสดปอกเปลือกผ่าหลัง	15	ตัว
ไข่เป็ด	3	ฟอง
หัวไชโป๊วสับ	1/4	ถ้วยตวง
เต้าหู้เหลืองหั่นชิ้นเล็กๆ ทอดกรอบ	1	ถ้วยตวง
กระเทียมสับ	1	ช้อนโต๊ะ
หอมแดงสับ	1/4	ถ้วยตวง
ถั่วงอกดิบ	2	ถ้วยตวง
ใบกุยช่าย	1/2	ถ้วยตวง
ถั่วลิสงป่น	3	ช้อนโต๊ะ
พริกป่น	1	ช้อนโต๊ะ

ถั่วงอก, ใบกุยช่าย, หัวปลี, ใบบัวบกหรือผักสด มะนาวผ่าซีก

ส่วนผสมน้ำปรุงรส

น้ำปลาดี	1/2	ถ้วยตวง
น้ำตาลปี๊บ	1/2	ถ้วยตวง
น้ำมะขามเปียก	1/2	ถ้วยตวง

วิธีทำ

1. ผสมน้ำตาลปี๊บ น้ำปลา น้ำมะขามเปียก ให้ละลายเข้าด้วยกัน
2. ตั้งกระทะใส่น้ำมัน พอร้อนใส่กระเทียม หอมแดง ผัดให้หอม
3. ใส่กุ้งผัดพอสุก ใส่น้ำปรุงรสในข้อ 1 ใส่เส้นเล็ก ผัดจนเส้นนุ่มและแห้ง
4. นำเส้นไว้ด้านข้างกระทะใส่ไข่ ผัดให้ไข่สุกเติมน้ำมันเล็กน้อย
   แล้วผัดเส้นกับไข่ให้เข้ากัน
5. ใส่หัวไชโป๊ว เต้าหู้เหลือง ถั่วงอกดิบ ใบกุยช่าย ตักเสิร์ฟโรยพริกป่น
   ถั่วลิสงคั่วป่น รับประทานกับผักสด และมะนาวผ่าซีก

Ingredients

Rice noodle	300	grams
Shrimp peeled, deveined	15	pieces
Duck eggs	3	pieces
White radish chopped	1/4	cup
Tofu cut into small pieces, crispy dried	1	cup
Garlic chopped	1	tablespoon
Red shallots chopped	1/4	cup
Bean sprouts	2	cups
Spring onion	1/2	cup
Roasted peanut ground	3	tablespoons
Dried chill blended	1	tablespoon

Bean sprouts, spring onion, blossom banana flower,
lotus leave or fresh vegetables. Lemon cut into small portion.

Recipes for seasoning sauce

Fish sauce	1/2	cup
Palm sugar	1/2	cup
Tamarind juice	1/2	cup

Directions

1. Mix palm sugar, fish sauce, and tamarind juice until well combined.
2. Heat oil into the skillet, add garlic and shallots. Stir-fry until aromatic.
3. Add shrimp and stir fry until cooked. Put the prepared seasoning sauce and rice noodle. Stir-fry again until noodle soft and dry.
4. Set fried noodle aside of skillet, beat egg into skillet and stir-fry until cooked, add some amount of oil. Then, stir-fry noodle with eggs until well combined.
5. Put white reddish, tofu, bean sprouts, spring onions and serve. Remove; sprinkle with dried chili, roasted peanut and along with fresh vegetables, cut lemon and ready to serve.

ส้มตำไทย
Som-Tum-Thai (Papaya Salad)

ส่วนผสม		
มะละกอดิบสับซอย	1	ถ้วยตวง
พริกขี้หนูส่วนสด	3-8	เม็ด
มะเขือเทศสีดาผ่าครึ่ง	2	ผล
ถั่วฝักยาวดิบตัดเป็นท่อนสั้นๆ ท่อนละ 1 นิ้ว	1	ฝัก
กระเทียมกลีบเล็ก	1	ช้อนชา
กุ้งแห้ง	1	ช้อนโต๊ะ
ถั่วลิสงคั่ว เอาเปลือกออก	2	ช้อนโต๊ะ
น้ำปลาดี	1	ช้อนโต๊ะ
น้ำมะนาว	2	ช้อนโต๊ะ
น้ำตาลปี๊บ	3	ช้อนชา

Ingredients		
Green papaya chopped, sliced	1	cup
Fresh bird chili	3-8	pieces
Plump tomato cut into half	2	pieces
Green Beans cut into 1" length	1	piece
Garlic (small cloves)	1	teaspoon
Dried shrimp	1	tablespoon
Peanut roasted, peeled	2	tablespoons
Fish sauce	1	tablespoon
Lemon juice	2	tablespoons
Palm sugar	3	teaspoons

วิธีทำ

1. โขลกพริกขี้หนู กระเทียมพอแตก
2. ใส่ถั่วฝักยาว มะเขือเทศ ถั่วลิสงโขลกพอเข้ากัน
3. ปรุงรสด้วยน้ำตาลปี๊บ น้ำมะนาว น้ำปลา
4. ใส่มะละกอ กุ้งแห้ง โขลกให้เข้ากัน ตักใส่จาน โรยหน้าด้วยถั่วลิสงอีกครั้ง
5. รับประทานกับผักสดกะหล่ำปลี ถั่วฝักยาว ผักบุ้ง

Directions

1. Crush slightly chilies and garlic.
2. Add Green Beans, plump tomato, and peanut and crush them until well mixed.
3. Taste by palm sugar, lemon juice, fish sauce.
4. Add papaya, dried shrimp and crush them until well mixed. Remove to the plate for serve. Sprinkle with peanuts.
5. Serve along with fresh vegetables such as cabbage, Beans, Chinese water spinach.

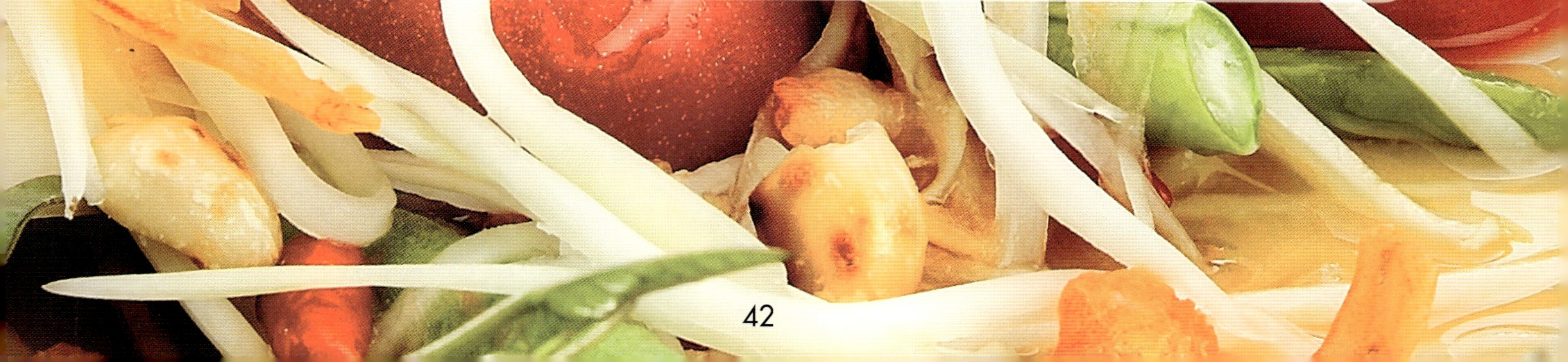

ทอดมันปลากราย
Tod-Mun-Pla-Gry (Fish Ball deep fried)

ส่วนผสม

เนื้อปลากราย	2	ถ้วย
ใบมะกรูดหั่นฝอย	2	ช้อนโต๊ะ
น้ำปลาดี	2	ช้อนโต๊ะ
ไข่ไก่	1	ฟอง
น้ำมันพืช	1	ขวด

เครื่องแกงทอดมันปลากราย

พริกแห้งเม็ดใหญ่แกะเม็ดแช่น้ำ	7	เม็ด
หอมแดงปอกเปลือก	2	ช้อนโต๊ะ
กระเทียมปอกแกะกลีบ	2	ช้อนโต๊ะ
ตะไคร้ซอยบางๆ	1	ต้น
ข่าหั่นเป็นแว่น	3	แว่น
ผิวมะกรูดหั่นชิ้นเล็กๆ	1	ช้อนชา
รากผักชีหั่น	1	ช้อนโต๊ะ
พริกไทย	1/2	ช้อนชา
กะปิเผาใบตอง	1	ช้อนชา

ส่วนผสมน้ำจิ้ม

น้ำส้มสายชู	1/2	ถ้วยตวง
น้ำตาลทราย	3/4	ถ้วยตวง
เกลือป่น	1	ช้อนโต๊ะ
พริกชี้ฟ้าแดงโขลกละเอียด	2	ช้อนโต๊ะ
แตงกวาซอยเล็กๆ	1/2	ถ้วยตวง
ผักชี	1	ต้น

วิธีทำ

1. โขลกเครื่องน้ำพริกแกงให้ละเอียดเข้ากัน
2. ผสมเนื้อปลากราย น้ำพริกแกง ไข่ไก่ น้ำปลา ใบมะกรูดหั่นฝอย นวดให้เหนียวเข้ากันนานประมาณ 10-15 นาที
3. ปั้นเป็นก้อนขนาดพอคำ นำไปทอดในน้ำมันร้อนไฟปานกลาง จนเหลืองสุกทั้งสองด้าน ตักขึ้นพักให้สะเด็ดน้ำมัน

Ingredients

Clown knife fish	2	cups
Kaffir lime leaves minced finely	2	tablespoons
Fish sauce	2	tablespoons
Egg	1	piece
Vegetable oil	1	bottle

Curry paste recipes for mixing with fish ball

Dried big red chili, deseeded, soaked	7	pieces
Red shallot peeled	2	tablespoons
Garlic cloves peeled	2	tablespoons
Lemon grass thinly minced	1	piece
Galanga cut into oval shape	3	pieces
Kaffir lime skin minced thinly	1	teaspoon
Cilantro root cut	1	tablespoon
Pepper	1/2	teaspoon
Shrimp paste wrapped by banana leaves and slightly over heated	1	teaspoon

Dipping Ingredients

Vinegar	1/2	cup
Sugar	3/4	cup
Fine salt	1	tablespoon
Red-Green chili blended finely	2	tablespoons
Cucumber sliced thinly	1/2	cup
Cilantro	1	pieces

Dipping recipes

1. To grind all curry recipes finely until well combined.
2. Mix fish meat with curry paste, egg, fish sauce, sliced kaffir lime leave and thresh all mixture about 10-15 minutes until well combined and sticky.
3. Shape into well round piece, deep fried over medium heat until turned in yellow side, remove, and drain.

หมี่กรอบ
Mee-Krob (Crispy Noodle)

ส่วนผสม

เส้นหมี่ขาวล้างน้ำพักให้แห้ง	100	กรัม
กุ้งกุลาดำตัวเล็ก เอาหัวและเส้นหลังออก	100	กรัม
หมูหั่นชิ้นยาวเล็ก	80	กรัม
กระเทียมดองหั่นบางๆ	3	หัว
ถั่วงอกดิบ	1	ถ้วยตวง
ใบกุยช่ายหั่นท่อนสั้นๆ	1/4	ถ้วยตวง
ไข่ไก่สด	2	ฟอง
หอมแดงสับเจียว	2	ช้อนโต๊ะ
เต้าหู้แข็งหั่นชิ้นสี่เหลี่ยมเล็กทอดกรอบ	1/4	ถ้วยตวง
น้ำมะขามเปียก	1	ช้อนโต๊ะ
น้ำส้มซ่า	1	ช้อนโต๊ะ
เต้าเจี้ยวขาวบดละเอียด	3	ช้อนโต๊ะ
น้ำปลาดี	1	ช้อนโต๊ะ
น้ำส้มสายชู	2	ช้อนโต๊ะ
พริกชี้ฟ้าแดง หั่นเป็นเส้นยาว	2	เม็ด
ผักชีเด็ดเป็นใบๆ	1	ต้น
น้ำมันพืช	1	ขวด

วิธีทำ

1. นำเส้นหมี่ล้างน้ำแล้วนำขึ้นผึ่งให้แห้ง
2. ตั้งกระทะใส่น้ำมันมากๆ รอให้ร้อนจัด นำเส้นหมี่ลงทอดทีละน้อย ให้เหลืองทั้งสองด้าน ทอดจนหมดพักไว้
3. นำหมู กุ้ง ทอดให้เหลืองกรอบ ตีไข่ไก่ให้ฟูแล้วนำลงทอดทีละน้อย ให้กรอบ
4. ตั้งกระทะใส่น้ำตาลปี๊บ น้ำปลา น้ำมะขามเปียก น้ำส้มซ่า เคี่ยวให้เหนียวเป็นยางมะตูมใส่กุ้ง หมู ยกลงจากเตา ใส่เส้นหมี่ลงไปคลุกให้เข้ากัน โดยใส่สลับกับน้ำตาลทรายทีละน้อยจนหมด
5. โรยหน้าด้วยหอมเจียว เต้าหู้ทอด ใบกุยช่าย ไข่ฟู พริกชี้ฟ้า ผักชี
6. รับประทานคู่กับผักสด ถั่วงอก ใบกุยช่าย

Ingredients

Rice noodle, soaked, drained	100	grams
Small size shrimp, headed in, deveined	100	grams
Pork cut thinly into lengthwise	80	grams
Pickled garlic sliced thinly	3	pieces
Fresh bean sprout	1	cup
Chinese keys cilantro cut into short lengthwise	1/4	cup
Eggs	2	pieces
Red shallot minced, rendered fat	2	tablespoons
Hard tofu cut into small square shape, deep fried	1/4	cup
Tamarind juice	1	tablespoon
Citrus juice	1	tablespoon
White bean paste blended finely	3	tablespoons
Fish sauce	1	tablespoon
Vinegar	2	tablespoon
Red chili cut into lengthwise	2	pieces
Cilantro leaves picked	1	piece
Vegetable oil	1	bottle

Directions

1. Clean well noodle, drained, dry in open air.
2. Heat a large amount of oil into the skillet over high temperature, deep fry noodle little by little until yellow both sides, replete until no more noodle left.
3. Deep fry pork meat, shrimp until yellow turned. Drop beaten egg little by little until crispy and yellow.
4. Heat palm sugar, fish sauce, tamarind juice, citrus juice into the skillet and simmer until sticky. Add shrimp and pork meat, remove, add crispy noodle, and stir until well combined. Put little by little of sugar during stirring.
5. Sprinkle with rendered fat shallot, fried tofu, chinese keys cilantro, crispy egg, chili, and cilantro.
6. Serve with fresh vegetables, bean sprouts, and spring onion.

ลาบหมู
Rahb-Moo (Spicy Minced Meat with herb)

ส่วนผสม

หมูสับ (เลือกเนื้อๆ บริเวณสันใน-นอก)	200	กรัม
ข้าวเหนียวคั่ว ตำให้ละเอียด	2	ช้อนโต๊ะ
พริกขี้หนูแห้งคั่วป่น	1	ช้อนโต๊ะ
น้ำปลาดี	1 1/2	ช้อนโต๊ะ
น้ำมะนาว	2 1/2	ช้อนโต๊ะ
น้ำตาลทราย	1/2	ช้อนชา
ตับหมูหั่นเป็นชิ้นๆ ลวกพอสุก	50	กรัม
หัวหอมแดงซอย	2	หัว
ใบสะระแหน่ ต้นหอมหั่นฝอย		
ผักชีฝรั่งหั่นหยาบ ผักชีเด็ดเป็นช่อๆ	1	ถ้วย

วิธีทำ

1. รวนหมูให้สุกทั่ว
2. ใส่ตับหมู หอมแดงซอย ปรุงรสด้วย ข้าวคั่ว พริกป่น น้ำปลา น้ำตาล น้ำมะนาว
3. ใส่ต้นหอม ใบสะระแหน่ ผักชีฝรั่ง คลุกเคล้าให้เข้ากัน โรยหน้า ด้วยผักชี
4. รับประทานกับผักสด

Ingredients

Pork minced (selective on fillet or sirloin part)	200	grams
Sticky rice, roasted, crushed finely	2	tablespoons
Dried chili roasted, blended	1	tablespoon
Fish sauce	1 1/2	tablespoons
Lemon juice	2 1/2	tablespoons
Sugar	1/2	teaspoon
Pork liver cut into well piece, scalded	50	grams
Red shallot sliced	2	pieces
Mint, onion leave cut finely, parsley cut coarsely, cilantro picked coarsely	1	cup

Directions

1. Soft boil pork meat until well cooked.
2. Add pork liver and shallot, taste by roasted rice, blended pepper, fish sauce, sugar, lemon juice.
3. Put onion leaves, mints, and parleys. Mix all until well combined, sprinkle with cilantro.
4. Serve with fresh vegetables.

ยำถั่วพู

Yum-Tua-Pu (Winged Bean Salad)

ส่วนผสม

ถั่วพูลวกหั่นตามขวางฝัก	1 1/2	ถ้วยตวง
ไก่ต้มฉีกเป็นเส้น	1/4	ถ้วยตวง
กุ้งแห้งป่น	1 1/2	ช้อนโต๊ะ
มะพร้าวคั่ว	2 1/2	ช้อนโต๊ะ
กะทิข้นๆ	2	ช้อนโต๊ะ
น้ำตาลปี๊บ	1/2	ช้อนชา
น้ำปลา	1	ช้อนโต๊ะ
น้ำมะขามเปียก	2	ช้อนโต๊ะ
น้ำพริกเผา	1 1/2	ช้อนโต๊ะ

วิธีทำ

1. ผสมน้ำยำปรุงรสด้วยน้ำพริกเผา น้ำมะขามเปียก น้ำปลา น้ำตาลปี๊บ เข้าด้วยกัน
2. ผสมถั่วพู ไก่ต้ม ปรุงรสด้วยน้ำยำ คลุกเคล้าให้เข้ากัน ตักใส่จาน ราดด้วยหัวกะทิ มะพร้าวคั่วและกุ้งแห้งป่น

Ingredients

Winged bean scalded and cut into horizontal length	1 1/2	cups
Chicken meat boiled, torn into small lengthwise	1/4	cup
Dried shrimp crushed	1 1/2	tablespoons
Coconut meat roasted	2 1/2	tablespoons
Coconut milk concentrated	2	tablespoons
Palm sugar	1/2	teaspoon
Fish sauce	1	tablespoon
Tamarind juice	2	tablespoons
Black Shrimp paste	1 1/2	tablespoons

Directions

1. Preparing salad juice, mix black shrimp paste with tamarind juice, fish sauce, palm sugar until well combined.
2. To put winged bean with cooked chicken meat, taste by salad juice and mix them until well combined. Top with coconut milk, coconut meant roasted and crushed dried shrimp.

ต้มข่าไก่
Tum Kha-Kai (Coconut milk soup with chicken)

ส่วนผสม		
ไก่หั่นชิ้นพอคำ	1/2-1	กิโลกรัม
ข่าอ่อนหั่นแว่น	15	แว่น
ตะไคร้	3-5	ต้น
น้ำปลาดี	3	ช้อนโต๊ะ
ใบมะกรูด	5-7	ใบ
ผักชี	1-2	ต้น
พริกขี้หนูสวน ทุบแตก	40	เม็ด
มะนาว	4	ผล
หัวหอม	9-10	หัว
กะทิ	1/2-1	กิโลกรัม
น้ำซุป	3	ถ้วยตวง

วิธีทำ

1. ใส่กะทิ 1 ถ้วยตวงและน้ำซุปในหม้อ ใส่ตะไคร้ ข่า หัวหอม ตั้งไฟให้เดือดใส่เนื้อไก่ ให้เดือดอีกครั้ง
2. ใส่กะทิที่เหลือ รอให้เดือดอีกครั้ง ใส่ใบมะกรูด ปรุงรสด้วย น้ำมะนาว น้ำปลา พริกขี้หนู ยกลง ตักใส่ถ้วยโรยหน้าด้วยผักชี

Ingredients		
Chicken meat cut into well pieces	1/2-1	kilogram
Young galanga cut into oval shape	15	pieces
Lemon grass	3-5	pieces
Fish sauce	3	tablespoons
Kaffir lime leaves	5-7	leaves
Cilantro leaves	1-2	pieces
Bird chit chili chopped coarsely	40	pieces
Lemon	3-4	pieces
Shallots	9-10	pieces
Coconut ready made	1/2-1	kilogram
Clear soup	3	cups

Directions

1. Put 1 cup of coconut milk and soup into the pot. Add lemon grass, young galangal, shallots and over heat until boiling. Then, add chicken and keep until boiling again.
2. Add the leftover coconut milk and until boiling, add kaffir lime leaves, season by lemon juice, fish sauce, and chili. Remove and serve into bowl. Sprinkle with cilantro leaves.

ต้มยำไก่หัวปลี

Tom-Yum-Kai-Hua-Phe (Spicy Soup with Chicken meat and Banana Blossom)

ส่วนผสม

ไก่บริเวณเนื้อสะโพก	1/2	กิโลกรัม
หัวปลี (ลอกเปลือกนอกออก เอาอ่อนๆ)	2	หัว
กะทิ	3	ถ้วยตวง
ใบมะกรูด(ฉีกเป็นแว่นๆ)	8	ใบ
ตะไคร้ทุบพอแตก หั่น 2 นิ้วโดยประมาณ	3	ต้น
น้ำพริกเผา	2 1/2	ช้อนโต๊ะ
น้ำปลาดี	2	ช้อนโต๊ะ
น้ำมะนาว	1	ผล
พริกชี้ฟ้า เขียว-แดง	10	เม็ด
ผักชีโรยหน้า		

วิธีทำ

1. ตวงกะทิ 2 ถ้วยตวง ตั้งไฟใส่ตะไคร้รอให้เดือด
2. ใส่เนื้อไก่ พอสุกใส่หัวปลีรอให้เดือดใส่กะทิที่เหลือลงไป ปรุงรสด้วยน้ำพริกเผา น้ำ ปลา น้ำมะนาว
3. ใส่พริกชี้ฟ้า ใบมะกรูด รอให้เดือดอีกครั้งยกลงโรยหน้าด้วยผักชี

Ingredients

Chicken meat, only hip part	1/2	kilogram
Banana blossom flowers, peeled for outer, taken young inside	2	pieces
Coconut milk	3	cups
Kaffir lime leaves (torn into oval shape)	8	leaves
Lemon grass beaten coarsely cut into 2 inches length	3	pieces
Black shrimp paste	2 1/2	tablespoons
Fish sauce	2	teaspoons
Lemon juice	1	piece
Green-red chilies	10	pieces
Cilantro (for sprinkle)		

Directions

1. Add 2 cups of coconut milk into the pot over heat, put lemon grass, and heat until boiling.
2. Add chicken meat, until cooked, add banana blossom flowers, until boiling, add leftover coconut milk, season with black shrimp paste, fish sauce, lemon juice.
3. Add chili, kaffir leave, until boiling, and remove, sprinkle with cilantro for serve.

น้ำพริกกุ้งสด
Num-Prik-Kung-Sod (Shrimp and Chili Dipping)

ส่วนผสม

กุ้งสดหั่นหยาบ	10	ตัว
กะปิดีเผาในใบตอง	1	ช้อนโต๊ะ
กระเทียมแกะเปลือกแล้ว	1	ช้อนชา
หอมแดง	3	หัว
มะเขือพวง	9	ผล
พริกขี้หนูสวน แดง-เขียว	6	เม็ด
น้ำมะนาว	2-3	ช้อนโต๊ะ
น้ำตาลปี๊บ	1	ช้อนโต๊ะ

Ingredients

Shrimp cut coarsely	10	pieces
Shrimp paste wrapped by banana leaf, grilled	1	teaspoon
Garlic peeled	1	teaspoon
Red shallot	3	pieces
Baby green egg	9	pieces
Red-Green bird shit chili	6	pieces
Lemon Juice	2-3	tablespoons
Palm sugar	1	tablespoons

วิธีทำ

1. นำพริกขี้หนู หอมแดง กระเทียม ลงคั่วในกระทะพอสุก จึงนำไป โขลกพอแหลก ใส่กะปิ โขลกให้เข้ากัน
2. ปรุงรสด้วยน้ำตาล น้ำมะนาว น้ำปลา ใส่เนื้อกุ้งโขลกให้เข้ากัน
3. ใส่มะเขือพวงบุบพอแตก

Directions

1. Put chili, shallot, and garlic into the skillet over heat, roast until cooked well. Grind them with shrimp paste until well combined.
2. Taste with sugar, lemon juice, fish sauce, Add shrimp, grind all until well combined.
3. Add beaten coarsely baby green egg.

ต้มโคล้งปลากรอบ
Tom-Klong-Pal-Krob (Herb Soup with grilled smoked Fish)

ส่วนผสม

ปลาเนื้ออ่อนรมควัน		
ตัวใหญ่ๆ (ย่างไฟอีกครั้ง เพื่อความหอม)	2	ตัว
น้ำมะขามเปียก	2	ช้อนโต๊ะ
พริกแห้งเม็ดใหญ่เผาไฟหั่นเป็นท่อนสั้นๆ	3	เม็ด
น้ำปลาดี	4 1/2	ช้อนโต๊ะ
หัวหอมแดงเผาไฟปลอกเปลือกทุบพอแตก (หัวกลางๆ)	5	หัว
ตะไคร้หั่น 2 นิ้วโดยประมาณทุบพอแตก	2	ต้น
น้ำตาลทราย	1	ช้อนชา
ข่าอ่อนหั่นเป็นแว่นๆ	10	แว่น
ใบมะขามอ่อน(เอาไว้โรยหน้า)	1/2	ถ้วย
ใบมะกรูด	7	ใบ
น้ำซุป	2 1/2	ถ้วยตวง

วิธีทำ

1. ตั้งน้ำซุปใส่ข่า ตะไคร้ หอมแดง รอให้เดือด ใส่เนื้อปลา
2. ใส่ใบมะขามอ่อน ปรุงรสด้วยน้ำมะขามเปียก น้ำปลา น้ำตาล
   รอให้เดือดอีกครั้ง
3. ใส่พริกแห้ง ใบมะกรูด เดือดอีกครั้งยกลง เสิร์ฟร้อนๆ

Ingredients

Smoked Cryptoperus Impok fish,		
big size (re-grilled for aromatic smell)	2	pieces
Tamarind juice concentrated	2	tablespoons
Dried red chili, big size, grilled, cut into small pieces	3	pieces
Fish sauce	4 1/2	tablespoons
Red shallot (medium), grilled, peeled, slightly beaten	5	pieces
Lemon grass cut into 2 inches length, slightly beaten	2	pieces
Sugar	1	teaspoon
Galanga cut into oval shape	10	pieces
Young tamarind leaves (for sprinkle)	1/2	cup
Kaffir lime leaves	7	leaves
Clear soup (ready made soup)	2 1/2	cups

Directions

1. Put soup into the pot over heat, add galanga, lemon grass,
   red shallot, and heat until boiling, add smoked fish.
2. Add young tamarind leaves, season with tamarind juice,
   fish sauce, palm sauce, wait until boiling.
3. Add dried chili, kaffir leaves, re-boiling, and remove,
   serve immediately.

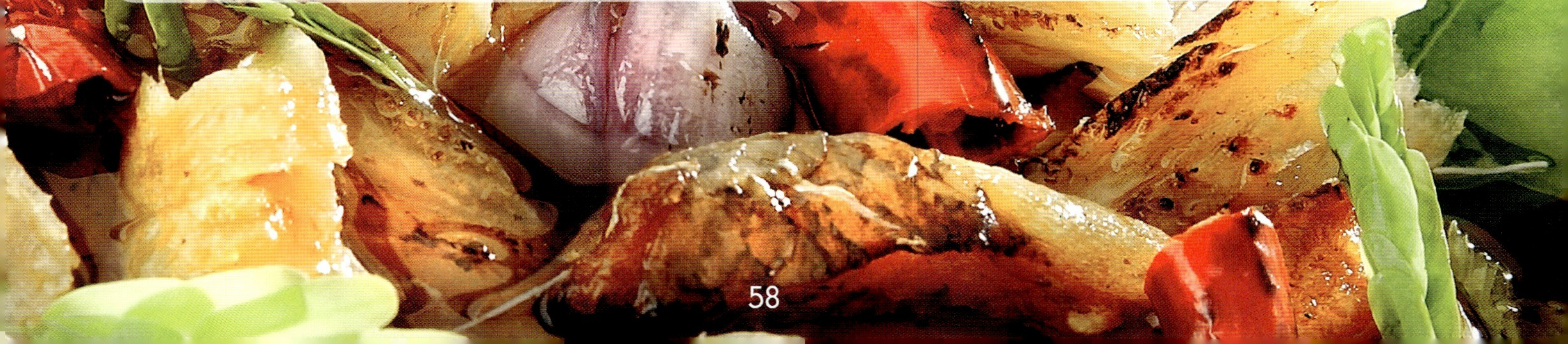

หมี่กะทิ
Mee-Ka-Ti (Rice noodles fried with coconut milk)

ส่วนผสม

เส้นหมี่ขาวแช่น้ำจนนิ่ม ลวกใส่กระชอนสะเด็ดน้ำ	500	กรัม
น้ำกะทิสำเร็จรูป	4	กล่อง
กุ้งกุลาดำ(ปลอกเปลือก เอาหัวและเส้นดำออก)	1	ถ้วย
เต้าหู้เหลืองหั่นสี่เหลี่ยมเล็กๆ	2	แผ่น
เต้าเจี้ยวขาว โขลกหยาบ	1/4	ถ้วยตวง
พริกขี้หนูแห้งป่น	1	ช้อนโต๊ะ
หอมแดงสับ	2	ถ้วยตวง
กระเทียมสับ	1 1/2	ช้อนโต๊ะ
น้ำมะนาว	3	ผล
น้ำมะขามเปียกข้นๆ	2	ช้อนโต๊ะ
น้ำตาลทราย	1/4	ถ้วยตวง
น้ำปลาดี	1/4	ถ้วยตวง
ถั่วงอกดิบเด็ดหาง	500	กรัม
ซอสมะเขือเทศ	1/4	ถ้วยตวง

ใบบัวบก ต้นกุยช่าย หัวปลี มะนาว พริกชี้ฟ้าแดงเหลือง

วิธีทำ

1. แช่เส้นหมี่ในน้ำจนเส้นนิ่ม นำขึ้นพักในกระชอนให้สะเด็ดน้ำ

2. นำกะทิ 1 1/2 ถ้วยตวง ตั้งไฟพอแตกมันเล็กน้อยใส่หอมแดงลงผัด จนสุกหอม ใส่กุ้ง กะทิ 1/2 ถ้วยตวง ผัดพอสุก ปรุงรสด้วย พริกขี้หนูป่น เต้าเจี้ยว เต้าหู้ น้ำตาล น้ำปลา น้ำมะขามเปียก เคี่ยวจนส่วนผสมข้น ยกลงใช้ราดหน้าเส้นหมี่กะทิ

3. เคี่ยวกะทิ 2 ถ้วยตวง ให้แตกมันใส่ซอสมะเขือเทศคนให้เข้ากัน นำเส้นหมี่ลงผัดให้ส่วนผสมเข้ากัน ใส่ถั่วงอก ใบกุยช่าย ผัดพอสุก ตักเสิร์ฟราดหน้าด้วยส่วนผสมที่ผัดเตรียมไว้แล้ว โรยหน้าด้วย พริกชี้ฟ้าแดง เหลืองและรับประทานกับผักสด

Ingredients

Rice noodle soaked until tender and drained well	500	grams
Ready made Coconut milk (500 grams)	4	boxes
Shrimp peeled, headed in, deveined	1	cup
Yellow tofu cut into small pieces	2	pieces
White bean paste Coarsely pounded	1/4	cup
Dried chili blended	1	tablespoon
Red Shallot chopped	2	cups
Garlic chopped	1 1/2	tablespoons
Lemon juice	3	pieces
Tamarind juice concentrated	2	tablespoons
White sugar	1/4	cup
Fish sauce	1/4	cup
Bean sprout ended cutting	500	grams
Tomato sauce	1/4	cup

Lotus leaves, lilaceous, banana blossom, lemon, yellow-red chili

Directions

1. Soak rice noodles until tender and drain well.

2. Over medium heat 1 1/2 cups of coconut milk become slightly creamy, add shallots and fry until cooked and aromatic. Add shrimp, 1/2 cups of coconut milk and stir-fry until cooked. Add dried chili, Soya bean sauce, tofu, sugar, fish sauce, tamarind juice to taste and fry through until concentrated. Transfer to bowl for topping the noodle.

3. Stews 2 cups of coconut milk down until creamy, add tomato sauce and stir well combined, put rice noodle and stir fry until well combined. Add bean sprouts and lilaceous, stir-fry until well cooked. Top cooked noodle with prepared ingredients. Sprinkle noodle with yellow and red chili when serve with fresh vegetables.

แกงขี้เหล็ก
Kang-Khee-Leak (Khee Leak Curry)

ส่วนผสม

ดอกขี้เหล็ก และยอดใบขี้เหล็กล้างต้มสุก	4	ถ้วยตวง
น้ำพริกแกงเผ็ดสำเร็จรูป	1	ซอง
น้ำกะทิสำเร็จรูป	6 - 7	ถ้วยตวง
เนื้อย่างหั่นเป็นชิ้นกำลังดี	1	ถ้วยตวง
น้ำปลาดี	2 1/2	ช้อนโต๊ะ
น้ำตาลปี๊บ	2	ช้อนโต๊ะ

ส่วนผสมน้ำพริกแกง

พริกแห้งเม็ดใหญ่แกะเม็ดออกแช่น้ำ	150	กรัม
กระเทียมแกะเปลือกซอยบางๆ	3/4	ถ้วยตวง
หอมแดงหั่นละเอียด	2	ถ้วยตวง
ตะไคร้ซอยละเอียด	10	ช้อนโต๊ะ
พริกไทย	4	ช้อนโต๊ะ
กระชายซอยละเอียด	1/2	ถ้วยตวง
ปลากรอบป่นละเอียด	1 1/2	ถ้วยตวง
เกลือป่น	4	ช้อนโต๊ะ

วิธีทำ

1. โขลกส่วนผสมน้ำพริกแกงทั้งหมดให้ละเอียดเข้ากันแล้ว จึงใส่เนื้อปลากรอบลงไปโขลกให้เข้ากันอีกครั้ง
2. ตั้งกระทะใส่กะทิ 1/2 ถ้วยตวง พอเดือดใส่น้ำพริกแกงลงผัด ให้หอมใส่กะทิอีก 1/2 ถ้วยตวง รอให้เดือด
3. ใส่เนื้อลงผัดให้เข้ากัน ใส่กะทิที่เหลือรอให้เดือดอีกครั้งใส่ดอกขี้เหล็ก
4. ปรุงรสด้วย น้ำตาลปี๊บและน้ำปลา

Ingredients

Khee Leak Cleaned, cooked	4	cups
Ready-made curry paste	1	pack
Ready-made coconut milk	6 - 7	cups
Beef grilled, cut into well piece	1	cup
Fish sauce	2 1/2	tablespoons
Palm sugar	2	tablespoons

Thai Curry Recipes

Dried chilies deseeded, soaked into water	150	grams
Garlic cloves peeled, thinly sliced	3/4	cup
Shallot minced	2	cups
Lemon grass minced	10	tablespoons
Pepper	4	tablespoons
Rhizome minced	1/2	cup
Dried fish blended finely	1 1/2	cups
Salt	4	tablespoons

Directions

1. To grind all prepared curries into the food processor until mixed well. Add dried fish and blend well again.
2. Bring 1/2 cup coconut milk into skillet over medium heat until boiling, add prepared curry paste, stir-fry until aromatic. Add more 1/2 cup coconut milk, keep over heat until bolling.
3. Fry beef until well mixed, put leftover coconut milk, over heat until boiling again, put Khee Leak.
4. Season by palm sugar and fish sauce.

เต้าหู้ทรงเครื่อง
Tow-Hou-Tsong-Kreung (Rich Tofu)

ส่วนผสม

เต้าหู้หลอดหั่นท่อน	3	หลอด
กุ้งกุลาดำสับหยาบ	250	กรัม
ซอสปรุงรส	1	ช้อนโต๊ะ
น้ำมันหอย	2	ช้อนโต๊ะ
พริกไทยป่น	1/4	ช้อนชา
ต้นหอมหั่นเป็นท่อน	1/2	ถ้วยตวง
ขึ้นฉ่ายหั่นท่อน	1/2	ถ้วยตวง
เห็ดฟางหั่นชิ้น	1/4	ถ้วยตวง
กระเทียมสับ	1 1/2	ช้อนชา
น้ำมันพืช		

วิธีทำ

1. ทอดเต้าหู้ในน้ำมันร้อนใช้ไฟปานกลางให้สุกเหลืองทั้งชิ้น ตักขึ้นพัก ให้สะเด็ดน้ำมัน

2. เจียวกระเทียมพอเหลืองใส่กุ้งลงผัดปรุงรสด้วยซอสปรุงรส ซอสหอยนางรม พริกไทย ใส่เห็ดฟาง ต้นหอมและขึ้นฉ่าย ผัดให้ ส่วนผสมเข้ากัน

3. ตักส่วนผสมที่ผัดไว้ราดบนเต้าหู้ที่เรียงใส่จานไว้แล้วเสิร์ฟทันที

Ingredients

Tube Tofu cut in lengthwise	3	pieces
Shrimp chopped coarsely	250	grams
Seasoning sauce	1	tablespoon
Oyster sauce	2	tablespoons
Pepper powder	1/4	teaspoon
Green Onion cut into lengthwise	1/2	cup
Celery cut into lengthwise	1/2	cup
Mushroom cut into pieces	1/4	cup
Garlic chopped	1 1/2	teaspoons
Vegetable oil		

Directions

1. Deep fry tofu in oil over medium heat until turned yellow. Remove and drained tofu well.

2. Fry garlic turned yellow, add shrimp Taste with seasoning sauce, oyster sauce, pepper, mushroom, green onion, Celery, Stir-fry until well combined.

3. Place fried tofu on the plate, top with prepared mixture. Ready to serve immediately.

แกงเรียงผักรวม
Keang Leang Puk-Ruom (Thai Herb clear soup with mix vegetables)

<table>
<tr><td>ส่วนผสม</td><td></td><td></td></tr>
<tr><td>บวบปอกเปลือก โดยลบเหลี่ยมออก</td><td></td><td></td></tr>
<tr><td>หั่นชิ้นพอดีคำ หรือน้ำเต้ารวมก็ได้</td><td>1</td><td>ผล</td></tr>
<tr><td>ยอดตำลึงเด็ด</td><td>1</td><td>ถ้วย</td></tr>
<tr><td>ฟักทองหั่นชิ้นเล็กๆ</td><td>1</td><td>ถ้วยตวง</td></tr>
<tr><td>น้ำเต้า</td><td>1</td><td>ถ้วยตวง</td></tr>
<tr><td>ผักหวาน</td><td>1</td><td>ถ้วยตวง</td></tr>
<tr><td>เห็ดฟาง</td><td>1/2</td><td>ถ้วย</td></tr>
<tr><td>ยอดมะพร้าวอ่อนหั่นพอคำ</td><td>1/2</td><td>ถ้วย</td></tr>
<tr><td>หอมแดงเผาไฟ</td><td>1/4</td><td>ถ้วยตวง</td></tr>
<tr><td>กะปิดีเผาไฟในใบตอง</td><td>2</td><td>ช้อนโต๊ะ</td></tr>
<tr><td>พริกไทยเม็ด</td><td>10</td><td>เม็ด</td></tr>
<tr><td>กุ้งกุลาดำ (แกะเปลือก เอาหัวและเส้นหลังออก)</td><td>1</td><td>ถ้วย</td></tr>
<tr><td>กุ้งแห้งล้างสะอาด โขลกละเอียด</td><td>1/2</td><td>ถ้วย</td></tr>
<tr><td>ใบแมงลักเด็ด</td><td>1</td><td>ถ้วย</td></tr>
<tr><td>น้ำปลาดี</td><td>2</td><td>ช้อนโต๊ะ</td></tr>
<tr><td>น้ำซุบ</td><td>6</td><td>ถ้วยตวง</td></tr>
</table>

วิธีทำ

1. โขลกกะปิ พริกไทย หอมแดง กุ้งแห้ง ให้ละเอียดเข้ากัน
2. ต้มน้ำซุปพอเดือดใส่เครื่องที่โขลกไว้คนให้ละลาย ปรุงรสด้วยน้ำปลา
3. ใส่ฟักทอง ยอดมะพร้าว บวบ กุ้ง ผักหวาน เห็ดฟาง น้ำเต้ายอดตำลึง
   ตั้งไฟให้เดือดใส่ใบแมงลัก รับประทานขณะร้อนๆ

Ingredients

<table>
<tr><td>Loufah or Bottle gourd peeled,</td><td></td><td></td></tr>
<tr><td>cut into well pieces (possible mixed)</td><td>1</td><td>piece</td></tr>
<tr><td>Creeper (Tum Leung) picked only tips part</td><td>1</td><td>cup</td></tr>
<tr><td>Pumpkin cut into sliced pieces</td><td>1</td><td>cup</td></tr>
<tr><td>Bottle gourd</td><td>1</td><td>cup</td></tr>
<tr><td>Malienha suavis (a kind of vegetable)</td><td>1</td><td>cup</td></tr>
<tr><td>Mushroom</td><td>1/2</td><td>cup</td></tr>
<tr><td>Baby crown of coconut cut into well piece</td><td>1/2</td><td>cup</td></tr>
<tr><td>Herbs Red shallots put on fire</td><td>1/4</td><td>cup</td></tr>
<tr><td>Shrimp pasted wrapped by banana leaf</td><td></td><td></td></tr>
<tr><td>and slightly burned</td><td>2</td><td>tablespoons</td></tr>
<tr><td>Pepper</td><td>10</td><td>pieces</td></tr>
<tr><td>Medium shrimp peeled, headed in, deveined</td><td>1</td><td>cup</td></tr>
<tr><td>Tiny dried shrimp minced</td><td>1/2</td><td>cup</td></tr>
<tr><td>Sweet Basil leaves picked</td><td>1</td><td>cup</td></tr>
<tr><td>Fish sauce</td><td>2</td><td>tablespoons</td></tr>
<tr><td>Clear Soup</td><td>6</td><td>cups</td></tr>
</table>

Directions

1. Grind shrimp paste, pepper, red shallots and dried shrimp until well combined.
2. Heat clear soup just to boiling, add ground ingredients, dissolve, and season with fish sauce.
3. Add all vegetables and shrimp, heat until boiling; add sweet basil leaves, and servewhile warm.

ปลาเก๋าสามรส
Pla-Gow-Sam-Rote (Garupa with sweet and sour sauce)

ส่วนผสม

ปลาเก๋า ทอดในน้ำมันร้อนจัด จนเหลืองกรอบ	1	ตัว
พริกขี้หนู	2	ช้อนโต๊ะ
กระเทียมสับ	1	ช้อนโต๊ะ
หอมแดงสับ	1	ช้อนโต๊ะ
รากผักชี	1	ช้อนโต๊ะ
ข่าหั่นละเอียด	1/2	ช้อนโต๊ะ
น้ำปลาดี	2	ช้อนโต๊ะ
น้ำตาลทราย	1/4	ถ้วยตวง
น้ำส้มสายชู	1	ช้อนโต๊ะ
น้ำส้มมะขามเปียก	2	ช้อนโต๊ะ
ผักชี	1	ต้น
พริกชี้ฟ้าแดงหั่นฝอย	1	เม็ด
น้ำมันพืช	1	ขวด

วิธีทำ

1. โขลกพริกขี้หนู กระเทียม รากผักชี ข่า หอมแดงให้ละเอียดเข้ากัน นำลงผัดในกระทะ ปรุงรสด้วยน้ำตาล น้ำปลา น้ำส้มสายชู และน้ำมะขามเปียก ผัดให้เข้ากันชิมรส
2. ตักส่วนผสมที่ผัดไว้ราดบนตัวปลาที่จัดใส่จานแล้ว แต่งหน้าด้วยผักชี

Ingredients

Garupa deep-fried in oil until crispy and yellow	1	piece
Bird-shit chili	2	tablespoons
Garlic chopped	1	tablespoon
Red shallot chopped	1	tablespoon
Cilantro root	1	tablespoon
Galanga minced	1/2	tablespoon
Fish sauce	2	tablespoons
White sugar	1/4	cup
Vinegar	1	tablespoon
Tamarind juice	2	tablespoons
Cilantro in plant	1	piece
Red chili shredded	1	piece
Vegetable oil	1	bottle

Directions

1. Grind bird-shit chili, garlic, cilantro root, and galanga until finely blended, stir-fry into skillet over heat. Seasoned by sugar, fish sauce, vinegar, and tamarind juice, stir-fry until well combined.
2. Place fried fish on plate, top with prepared sweet and sour sauce. Garnish with cilantro leaves and red chili.

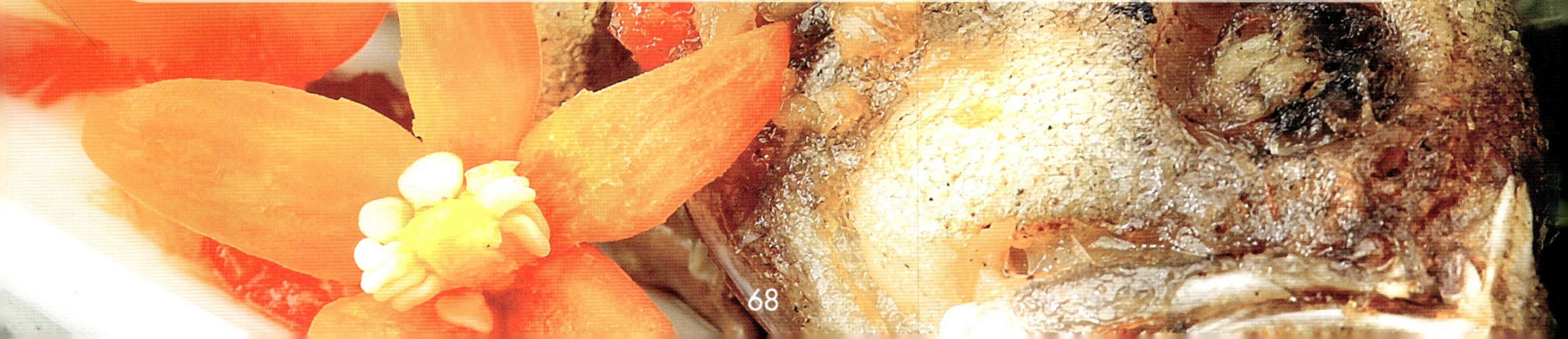

ทอดมันข้าวโพด
Tod-Mun-Kow-Pord (Sweet corn flatter fried deep)

ส่วนผสม

ข้าวโพดข้าวเหนียว หรือข้าวโพดหวานฝานเม็ด	1/2	ถ้วยตวง
หมูบด	1	ถ้วย
กระเทียมแกะเปลือก	1	ช้อนชา
เกลือป่น	1/2	ช้อนชา
ซอสปรุงรสถั่วเหลือง	1	ช้อนชา
พริกไทยป่น	1/2	ช้อนชา
รากผักชี	1/2	ช้อนโต๊ะ

ส่วนผสมน้ำจิ้ม

น้ำส้มสายชู	1/2	ถ้วยตวง
น้ำตาลทราย	6	ช้อนโต๊ะ
เกลือป่น	1/2	ช้อนโต๊ะ
บ๊วยดอง	1	เม็ด
ผักชี		

วิธีทำ

1. โขลกรากผักชี กระเทียม พริกไทย ให้ละเอียดนำหมูลงโขลก ให้เข้ากันอีกครั้ง
2. ปรุงรสด้วยเกลือ ซอสปรุงรส ใส่ข้าวโพดนวดให้เข้ากันอีกครั้ง
3. ปั้นเป็นก้อนกลมแบน นำไปทอดในน้ำมันร้อนไฟปานกลาง จนสุกเหลือง ตักขึ้นพักให้สะเด็ดน้ำมัน รับประทานกับน้ำจิ้ม

วิธีทำน้ำจิ้ม

1. ผสมน้ำส้ม น้ำตาล เกลือ บ๊วย ให้เข้ากันตั้งไฟให้เดือด ยกลงพักไว้ ให้เย็น
2. โรยหน้าด้วยผักชี

Ingredients

Starch corn or sweet corn sliced	1/2	cup
Pork chopped	1	cup
Garlic peeled	1	teaspoon
Salt	1/2	teaspoon
Seasoning Soya bean sauce	1	teaspoon
Pepper powder	1/2	teaspoon
Cilantro root	1/2	tablespoon

Dipping ingredients

Vinegar	1/2	cup
Sugar	6	tablespoons
Salt	1/2	tablespoon
Pickled plum	1	piece
Cilantro		

Directions

1. To grind finely cilantro, garlic, pepper, add pork, re-grind all until well combined.
2. Taste with salt and Soya bean sauce, add corn, and thresh all until well combined.
3. Shape into well round piece, flat, deep fried over medium heat until turned in yellow side, remove, drain. Serve with dipping.

Dipping recipes

1. Mix vinegar, sugar, salt, pickled plum until well combined, boil over heat, remove and set aside for cool.
2. Sprinkle with cilantro.

แกงจืดลูกรอก

Gaeng-Jued-Luk-Rok (Luk Rok clear soup)

ส่วนผสม

ไส้หมูอ่อน	250	กรัม
ไข่ไก่	6-7	ฟอง
น้ำซุป	5	ถ้วยตวง
หมูสับ	1	ถ้วยตวง
รากผักชี	1 $^1/_2$	ช้อนชา
กระเทียม	1	ช้อนชา
พริกไทย	$^1/_2$	ช้อนชา
น้ำปลา	2	ช้อนโต๊ะ
ต้นหอม ผักชี		

วิธีทำ

1. ตัดพังผืดด้านข้างของไส้ออกให้หมด
2. กลับไส้ออกล้างทั้งด้านนอกและด้านในให้สะอาด พักให้สะเด็ดน้ำ
3. ทดสอบใส่น้ำลงไปในไส้ให้เต็มตัดส่วนที่รั่วออกมัดปลายไส้ให้แน่น 1 ด้าน
4. ตีไข่ให้เข้ากัน กรอกไข่ใส่ลงไปในไส้ให้เต็มแล้วมัดปลายอีกด้านให้แน่น (ทำเช่นนี้จนหมด)
5. นำลงต้มในน้ำร้อนใช้ไฟอ่อนๆอย่าให้น้ำเดือด 10-15 นาที นำขึ้นพักไว้ให้เย็น
6. ตัดไส้ตามขวางให้เป็นแว่นหนาประมาณ $^1/_2$ นิ้ว
7. โขลกรากผักชี กระเทียม พริกไทยให้ละเอียด นำหมูลงไปนวดให้ส่วนผสมเข้ากัน
8. ตั้งน้ำซุปให้เดือด ปั้นหมูเป็นก้อนลงต้มให้สุก ปรุงรสด้วยน้ำปลา
9. นำไส้หมูที่หั่นไว้แล้วลงต้มในน้ำซุปพอเดือดยกลง โรยหน้าด้วยต้นหอมและผักชี

Ingredients

Young pig entrails	250	grams
Egg	6-7	pieces
Clear soup	5	cups
Pork chopped	1	cup
Cilantro root	1 $^1/_2$	teaspoons
Garlic	1	teaspoon
Pepper	$^1/_2$	teaspoon
Fish sauce	2	tablespoons
Green onion leaves, cilantro		

Directions

1. Cut all fascias of entrails out.
2. Clean both inside and outside entrails until well. Drain.
3. Leakage testing by fill water into entrails. Cut out leaky part, tied firmly 1 side of entrails ending.
4. Break egg into bowl and stir well. Fill eggs liquid into open side of entrails until fully, Tied firmly (Repeat until completed).
5. Heat water over light heat (not boiling), put filled entrails. After 10-15 min, remove and let them cool.
6. Horizontally cut into $^1/_2$ inches oval thickness.
7. Grind finely cilantro root, garlic, pepper, and mix cut pieces of entrails until well combined.
8. Heat clear soup until boiling, put small balls of chopped pork until cooked. Season by fish sauce.
9. Put cut entrails into clear soup, heat until boiling. Remove, sprinkle with green onion and cilantro leaves.

ยำปลากรอบ
Yum-Pla-Krob (Cambodian Dried Fish Salad)

ส่วนผสม

ปลากรอบ (ปลาเนื้ออ่อน) ย่างไฟอีกครั้ง แกะเป็นชิ้นพอคำ	3	ตัว
มะม่วงดิบไม่เปรี้ยวจัด	1/2	ถ้วยตวง
ต้นหอม และขึ้นฉ่าย สับและซอยบางๆ	1/4	ถ้วยตวง
ถั่วลิสงคั่วเอาเปลือกออก	1/2	ถ้วยตวง
พริกขี้หนูสดทุบพอแตก	10	เม็ด
หัวหอมแดงซอย	3	ช้อนโต๊ะ
ผักชีโรยหน้า	1	ต้น

ส่วนผสมน้ำยำ

น้ำปลาดี	3	ช้อนโต๊ะ
น้ำมะนาว	3	ช้อนโต๊ะ
น้ำตาลปี๊บ	3	ช้อนโต๊ะ

วิธีทำ

1. ผสมน้ำยำให้เข้ากันแล้วจึงนำไปตั้งไฟพอเดือดยกลงพักไว้ให้เย็น
2. ใส่พริกขี้หนูบุบลงในส่วนผสมน้ำยำ
3. นำมะม่วง ปลากรอบ ต้นหอม ขึ้นฉ่าย หอมแดงและน้ำยำคลุกเคล้าให้เข้ากัน
4. โรยหน้าด้วยถั่วลิสงและผักชี

Ingrredients

Dried fish (Catfish) grilled, taken off meat part into well pieces	3	pieces
Green mango not much sour	1/2	cup
Green onion leaves, celery, thinly sliced	1/4	cup
Peanut, roasted and peeled	1/2	cup
Bird chili beaten slightly	10	pieces
Red shallot minced	3	tablespoons
Cilantro for sprinkle	1	pieces

Salad juice recipes

Fish sauce	3	tablespoons
Lemon juice	3	tablespoons
Palm sugar	3	tablespoons

Directions

1. Mix salad juice recipes until well combined, heat until boiling, remove and set aside for cool.
2. Put beaten chili into salad juice.
3. Put green mango,dried fish, green onion leaves, Chinese celery, red shallots and salad juice together and stir until well mixed.
4. Sprinkle with peanut and cilantro.

ทอดมันกุ้ง

Tod-Mun-Goong (Fried Shrimp dipped in batter)

ส่วนผสม

กุ้งแกะเปลือกสับละเอียด	2	ถ้วยตวง
หมูบด	1/2	ถ้วยตวง
ไข่ไก่สด	1	ฟอง
พริกไทยป่น	1	ช้อนชา
ซีอิ๊วขาว	2	ช้อนโต๊ะ
น้ำปลาดี	1	ช้อนโต๊ะ
กระเทียมโขลกละเอียด	1	ช้อนโต๊ะ
แป้งสาลี	2 1/2	ช้อนโต๊ะ
รากผักชีโขลกละเอียด	2	ช้อนโต๊ะ
พริกไทย	1	ช้อนชา
น้ำมันพืช	1	ขวด

ส่วนผสมน้ำจิ้ม

น้ำส้มสายชู	1/2	ถ้วยตวง
น้ำตาลทราย	3/4	ถ้วยตวง
เกลือป่น	1	ช้อนโต๊ะ
พริกชี้ฟ้าแดงโขลกละเอียด	2	ช้อนโต๊ะ
แตงกวาซอยเล็ก ๆ	1/2	ถ้วยตวง
ผักชี	1	ต้น

วิธีทำ

1. นำหมู กุ้ง รากผักชี กระเทียม พริกไทย ผสมให้เข้ากัน
2. ใส่ไข่ ปรุงรสด้วย ซีอิ๊วขาว น้ำปลา แป้งสาลี นวดให้เหนียวเข้ากัน นานประมาณ 10 นาที
3. ปั้นเป็นก้อนกลมกดให้แบนเล็กน้อย นำไปทอดในน้ำมันร้อน ไฟปานกลางให้สุกเหลือง ตักขึ้นพักให้สะเด็ดน้ำมัน รับประทานกับน้ำจิ้ม

วิธีทำน้ำจิ้ม

1. ผสมน้ำส้มสายชู น้ำตาลทราย เกลือ นำขึ้นตั้งไฟเคี่ยวให้เหนียวเล็กน้อย ยกลงพักไว้ให้เย็น ใส่พริกชี้ฟ้าแดงคนให้เข้ากัน
2. ตักน้ำจิ้มใส่ถ้วย ใส่แตงกวา ผักชีและถั่งลิสง

Ingredients

Shrimp peeled, chopped finely	2	cups
Pork Chopped	1/2	cup
Egg	1	piece
Pepper powder	1	teaspoon
Soya sauce	2	tablespoons
Fish sauce	1	tablespoon
Garlic blended finely	1	tablespoon
Wheat flour	2 1/2	tablespoons
Cilantro root ground finely	2	tablespoons
Pepper	1	teaspoon
Vegetable oil	1	bottle

Dipping ingredients

Vinegar	1/2	cup
Sugar	3/4	cup
Salt	1	teaspoon
Red-Green chili blended finely	2	tablespoons
Cucumber sliced thinly	1/2	cup
Cilantro	1	piece

Directions

1. Mix pork, shrimp, cilantro root, garlic, pepper until well combined.
2. Add egg, taste with soya sauce, fish sauce, wheat flour and thresh all mixture about 10 minutes until well combined and sticky.
3. Shape into well round piece, flat slightly, deep-fried over medium heat until turned in yellow both side, remove, drain.

Dipping recipes

1. Mix vinegar, sugar and salt, over heat, simmer until sticky a little bit. Remove and set aside for cool.
2. Put dipping water into sauce bowl; add cucumber, cilantro, and peanut.

แกงเขียวหวานเนื้อ
Kaeng-Kiew-Waan-Neua
(Green curry with beef)

ส่วนผสม

เนื้อวัวสันนอกหั่นเป็นชิ้นพอดีคำ	300	กรัม
เครื่องแกงเขียวหวานสำเร็จรูป	1/4	ถ้วยตวง
กะทิสำเร็จรูป	4	ถ้วยตวง
น้ำปลาดี	3	ช้อนโต๊ะ
น้ำตาลปี๊บ	1	ช้อนโต๊ะ
มะเขือพวง	1	ถ้วยตวง
กระชายหั่นเฉียงๆ	1/2	ถ้วยตวง
กระเทียมโทนปอกเปลือก	1/2	ถ้วยตวง
พริกชี้ฟ้าแดง-เขียว หั่นแฉลบ	7	เม็ด
ใบมะกรูดหั่นหยาบๆ เฉียงๆ	5	ใบ
สุรา	5	ช้อนโต๊ะ
ใบโหระพาเด็ด	1/2	ถ้วยตวง

วิธีทำ

1. ตั้งกระทะใส่กะทิ 1 ถ้วยตวง ใส่น้ำพริกแกง ลงผัดจนกลิ่นหอม และกะทิแตกมัน เติมกะทิที่เหลือทีละน้อยอีก 1 ถ้วยตวง
2. ใส่เนื้อลงผัดให้เข้ากันเติมกะทิที่เหลือพอเดือดใส่มะเขือพวง กระชาย กระเทียมโทน
3. ปรุงรสด้วย น้ำปลา น้ำตาลปี๊บ สุรา โรยด้วยพริกชี้ฟ้า ใบมะกรูด ใบโหระพา

เครื่องแกงกรณีทำเอง

ลูกผักชี	2	ช้อนชา
ยี่หร่า	2	ช้อนชา
ลูกกระวาน	10	ลูก
ดอกจันทร์	4	กลีบ
พริกไทย	15	เม็ด
ขิง	5	แว่น
ตะไคร้	3	ต้น
ผิวมะกรูดหั่นฝอย	2	ช้อนชา
พริกขี้หนูสด	40-50	เม็ด
กระเทียม	8	หัว
หัวหอม	5	หัว
กะปิ	2	ช้อนชา

Ingredients

Beef sirloin cut into well piece	300	grams
Ready made green curry paste	$1/4$	cup
Ready made coconut milk	4	cups
Fish sauce	3	tablespoons
Palm sugar	1	tablespoon
Baby green egg	1	cup
Galinga cut diagonally	$1/2$	cup
Single clove garlic peeled	$1/2$	cup
Red- Green chili cut diagonally	7	pieces
Kaffir lime leave cut coarsely and diagonally	5	leaves
Brandy	5	tablespoons
Basil leave picked	$1/2$	cup

Directions

1. Place the skillet over heat, add 1 cup of coconut, and add green curry paste. Stir-fry until aromatic and fat from coconut.

2. Add beef, stir-fry again until well combined, and add the leftover coconut. Heat until boiling, add eggplants, galingal, garlic.

3. Season with fish sauce, palm sugar, brandy and sprinkle with chili, kaffir lime leaves, basil leaves.

Recipes of green curry paste for fresh made

Cilantro seeds	2	teaspoons
Cumin	2	teaspoons
Cardamoms	10	pieces
Mace nutmeg	4	pieces
Pepper	15	pieces
Ginger	5	pieces
Lemon grass	3	pieces
Kaffir skin minced	2	teaspoons
Fresh bird-shit chili	40 - 50	pieces
Garlic	8	pieces
Shallots	5	pieces
Shrimp paste	2	teaspoons

ฉู่ฉี่ปลาทูสด
Chu-Chi-Pla-Two (Mackerel fish topped mild spice curry paste)

ส่วนผสม

ปลาทูสดผ่าท้องทำความสะอาดบั้งห่างๆ	3	ตัว
กะทิ	4	ถ้วยตวง
น้ำพริกแกง	1/4	ถ้วยตวง
น้ำตาลปีบ	2-3	ช้อนโต๊ะ
เกลือป่น	1	ช้อนชา
ใบมะกรูดซอย	1	ช้อนโต๊ะ
พริกชี้ฟ้าแดงเหลืองหั่นแฉลบ		

น้ำพริกแกงฉู่ฉี่

พริกแห้งเม็ดใหญ่แกะเม็ดออกแช่น้ำ	60	กรัม
หอมแดงซอย	1 1/2	ถ้วยตวง
กระเทียมซอย	1/4	ถ้วยตวง
ข่าซอย	1 1/2	ช้อนโต๊ะ
ตะไคร้ซอย	5	ช้อนโต๊ะ
กะปิ	4	ช้อนโต๊ะ
เกลือป่น	1	ช้อนโต๊ะ

วิธีทำ

1. โขลกน้ำพริกแกงให้ละเอียด
2. นำกะทิลงผัด 1 ถ้วยตวง ให้แตกมัน แล้วใส่น้ำพริกแกงลงผัดให้หอม
3. ใส่กะทิที่เหลือปรุงรสด้วยน้ำตาลปีบ เกลือป่นพอเดือดใส่ปลาทูสด
4. พอปลาสุกใส่ใบมะกรูด พริกชี้ฟ้า

Ingredients

Mackerel fish wiped, cut diagonally	3	pieces
Coconut milk	4	cups
Chili curry paste	1/4	cup
Palm sugar	2-3	tablespoons
Salt	1	teaspoon
Kaffir lime leaves minced	1	tablespoon
Red-Yellow chili cut diagonally		

Chu- Chi curry paste recipes

Big sized dried chili deseeded, soaked	60	grams
Red Shallot minced	1 1/2	cups
Garlic minced	1/4	cup
Galanga minced	1 1/2	cups
Lemon grass minced	5	teaspoons
Shrimp paste	4	tablespoons
Salt	1	tablespoon

Directions

1. Grind curry ingredients finely.
2. Over heat stir fry 1 cup of coconut milk until oily cream, add prepared curry paste Stir-fry until aromatic.
3. Add leftover coconut milk; add palm sugar and salt to taste. Wait until boiling, put fresh mackerel fish.
4. Put kaffir lime leaves and chili on well-cooked mackerel.

ก๋วยเตี๋ยวหลอดทรงเครื่อง

Goew-Tiew-Lord-Trong-Kereng (Noodle Paste Throung Kraung)

ส่วนผสม

เส้นก๋วยเตี๋ยว	500	กรัม
หมูบดสับละเอียด (สันใน)	250	กรัม
กุ้งแห้งตัวเล็กๆ	1	ถ้วยตวง
เต้าหู้เหลืองหั่นสี่เหลี่ยมเล็กๆ	1	แผ่น
ไข่ไก่ทอดเป็นแผ่นบางๆ ซอยเป็นเส้นฝอย	3	ฟอง
ถั่วงอกลวกพอสุก	2	ถ้วย
รากผักชีหั่นเป็นชิ้นเล็กๆ	1	ช้อนโต๊ะ
กระเทียมปอกเปลือกสับละเอียด	1/2	ช้อนโต๊ะ
พริกไทยเม็ด	10	เม็ด
ซีอิ๊วดำ	1	ช้อนโต๊ะ
ซีอิ๊วขาว	2 1/2	ช้อนโต๊ะ
น้ำตาลทราย	2	ช้อนโต๊ะ
พริกชี้ฟ้าแดง เขียว	5	เม็ด
น้ำส้มสายชูกลั่น	3	ช้อนโต๊ะ
น้ำมันพืช	5	ช้อนโต๊ะ

วิธีทำ

1. โขลกรากผักชี กระเทียม พริกไทยให้ละเอียด
2. ตั้งกระทะใส่น้ำมันพืชใส่ส่วนผสมที่โขลกไว้ลงผัดให้หอม
3. ใส่เนื้อหมูลงผัดให้สุก ใส่เต้าหู้ กุ้งแห้ง ผัดให้เข้ากัน ปรุงรสด้วยซีอิ๊วขาว ซีอิ๊วดำ อย่างละ 1 ช้อนโต๊ะ
4. นำเส้นและถั่งงอกใส่จานแล้ว ตักส่วนผสมที่ผัดไว้ราดหน้า รับประทานกับน้ำจิ้ม ผักบุ้ง กะหล่ำปลี ถั่งฝักยาว

วิธีทำน้ำจิ้ม

1. โขลกพริกชี้ฟ้าให้ละเอียด
2. ผสมน้ำตาล น้ำส้ม ซีอิ๊วดำ ซีอิ๊วขาว ตั้งไฟพอเดือดใส่พริกชี้ฟ้าที่โขลกไว้คนให้เข้ากัน

Ingredients

Big noodle paste	500	grams
Pork meat minced(fillet)	250	grams
Thin shrimp	1	cup
Yellow tofu cut into small square pieces	1	piece
Egg beaten, fried into thin paste, sliced slightly	3	pieces
Bean sprout scalded until well-cooked	2	cups
Cilantro root cut into small pieces	1	tablespoon
Garlic peeled, chopped	1/2	tablespoon
Pepper 10 pieces		
Sweet soya sauce	1	tablespoon
Soya bean sauce	2 1/2	tablespoons
Sugar	2	tablespoons
Red-Green chili	5	Pieces
Vinegar	3	tablespoons
Vegetable oil	5	tablespoons

Directions

1. To grind finely cilantro root, garlic, pepper.
2. Heat oil into the skillet, put ground mixture and stir-fry until aromatic.
3. Add pork and stir fry until cooked, add tofu and dried shrimp, stir-fry until well combine Taste with 1 tablespoon each of soya bean sauce, sweet soya sauce.
4. Place noodle and bean sprouts on plate, put prepared topping, Serve with dipping sauce, creeper, cabbage, green beans.

Dipping sauce recipes

1. To grind finely chili.
2. Mix sugar, vinegar, sweet sauce, and soya bean sauce. Heat it until boiling, put ground chili and stir until well combined.

ไก่ผัดเม็ดมะม่วง

Gai-Pad-Med-Ma-Muang (Fried Chicken meat with Cashew nut)

ส่วนผสม

เนื้อไก่หั่นชิ้น	500	กรัม
หอมใหญ่หั่นชิ้น	1/2	ถ้วยตวง
ต้นหอมหั่นท่อน	1	ถ้วยตวง
พริกชี้ฟ้าแห้งหั่นท่อนทอด	1/4	ถ้วยตวง
แห้วต้มสุก	1/2	ถ้วยตวง
เม็ดมะม่วงหินมะพานทอด	1 1/2	ถ้วยตวง
น้ำตาลทราย	1 1/2	ถ้วยตวง
ซีอิ๊วขาว	2	ช้อนโต๊ะ
เกลือ	1	ช้อนชา
น้ำมันหอย	2	ช้อนโต๊ะ
กระเทียมสับ	1	ช้อนโต๊ะ
แป้งมัน (สำหรับคลุกเนื้อไก่)		
น้ำมันพืช		

วิธีทำ

1. คลุกเนื้อไก่กับแป้งมันให้ทั่ว นำลงทอดในน้ำมันร้อนไฟปานกลาง จนสุกเหลือง ตักขึ้นพักไว้
2. ผัดกระเทียมพอหอมในน้ำมันเล็กน้อย ใส่หอมใหญ่ แห้ว ปรุงรส ด้วยเกลือ น้ำตาลทราย ซีอิ๊วขาว น้ำมันหอย
3. ใส่เนื้อไก่ เม็ดมะม่วง ต้นหอม ผัดให้เข้ากัน ใส่พริกชี้ฟ้าทอด

Ingredients

Chicken meat cut into pieces	500	grams
Big Onion cut into pieces	1/2	cup
Onion leaves cut into length	1	cup
Dried chilies cut into length and fried	1/4	cup
Chestnut cooked well	1/2	cup
Cashew roasted	1 1/2	cups
Sugar	1 1/2	cups
Soya bean	2	tablespoons
Salt	1	teaspoon
Oyster sauce	2	tablespoons
Garlic chopped	1	tablespoon
Cornstarch (for mixing up with chicken meat)		
Vegetable oil		

Directions

1. Mix chicken meat together cornstarch, deeply fry into oil over moderated heat until turn to yellow for well done. Remove and set aside.
2. Heat a little of oil into skillet over heat, add garlic and stir-fry until aromatic, add onion and chestnut. Season by salt, sugar, Soya sauce, oyster sauce.
3. Put chicken, cashew, and onion leave. Stir-fry until well combine and Add dried chili. Stir again. Ready to serve.

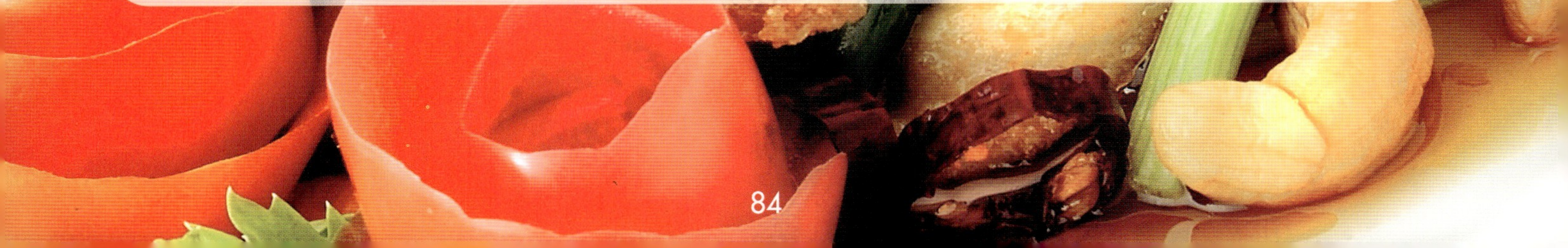

แกงเผ็ดเป็ดย่าง
Keang-Phed-Bhed-Yang (Red curry with roasted duck)

ส่วนผสม

เป็ดย่าง เลือกเอาเฉพาะเนื้อๆ หั่นให้พอดี	1	ตัว
เครื่องแกงเผ็ด	300	กรัม
มะเขือสีดาเด็ดขั้วออก	15	ผล
ระกำยานเอาเนื้อบางๆ	3	ผล
พริกชี้ฟ้าเขียว-แดง-เหลือง หั่นเฉียงๆ	5	เม็ด
ใบโหระพา	1	ถ้วยตวง
ใบมะกรูดหั่นละเอียด (บางครั้งหั่นหยาบๆ ก็ได้)	5	ใบ
น้ำปลาดี	2	ช้อนโต๊ะ
น้ำตาลปี๊บ	2	ช้อนโต๊ะ
กะทิสำเร็จรูป	500	กรัม

หากต้องการตำน้ำพริกเอง

พริกแห้งเม็ดใหญ่แกะเม็ดแช่น้ำ	8 - 9	เม็ด
ข่าหั่นฝอย	1/2	ช้อนชา
ตะไคร้หั่นฝอย	2	ช้อนโต๊ะ
หอมแดงหั่นฝอย	2	ช้อนโต๊ะ
กระเทียมสับ	1 1/2	ช้อนโต๊ะ
ผิวมะกรูดหั่นฝอย	1	ช้อนชา
ลูกผักชี ยี่หร่า คั่ว	2	ช้อนโต๊ะ
กะปิเผา	1	ช้อนชา
เกลือ	1	ช้อนชา

วิธีทำ

1. โขลกพริกแกงทั้งหมดให้ละเอียด พักไว้
2. ตั้งกระทะใส่กะทิ 1/2 กล่อง เคี่ยวให้แตกมัน นำพริกแกงลงผัด จนมีกลิ่นหอม
3. เติมกะทิที่เหลือลงไป พอเดือดใส่เนื้อเป็ด ปรุงรสด้วยน้ำปลา และน้ำตาลปี๊บ
4. ใส่มะเขือเทศ ระกำ พริกชี้ฟ้าเขียว-แดง-เหลือง ใบมะกรูด ใบโหระพา ยกลงเสิร์ฟ

Ingredients

Roasted duck only meat section cut into well piece	1	piece
Curry paste ready made	300	grams
Plum tomato took off stem	15	pieces
Zalacca wallichiana	3	pieces
Green-Red-Yellow chili cut diagonally	5	pieces
Basil leaves	1	cup
Kaffir lime leaves minced (possible to cut coarsely)	5	leaves
Fish sauce	2	tablespoons
Palm sugar	2	tablespoons
Coconut milk ready made (500 grams)	2	boxes

Recipes of curry paste for fresh made

Big dried red chili deseeded, soaked	8 - 9	pieces
Galangal minced	1/2	teaspoon
Lemon grass minced	2	tablespoons
Red shallots minced	2	tablespoons
Garlic chopped	1 1/2	tablespoons
Kaffir skin minced	1	teaspoon
Cilantro seeds, cumin roasted	2	tablespoons
Shrimp paste grilled	1	teaspoon
Salt	1	teaspoon

Directions

1. Grind all curry recipes until well combined. Set aside.
2. Heat 1/2 box of coconut milk in the skillet and simmer until fatty cream. Add curry paste and stir-fry until aromatic.
3. Add the leftover coconut milk, boiling, add duck meats, and season with fish sauce and palm sugar.
4. Put tomato, zalacca wallichiana, green-red-yellow chili, kaffir leaves, basil leaves. Ready to serve.

น้ำตกเนื้อ
Num-Tuk-Nuea (Grill Beef with spicy salad)

ส่วนผสม

เนื้อวัวติดมัน	500	กรัม
เกลือป่น	1	ช้อนชา
ข้าวคั่ว โขลกละเอียด (ข้าวเหนียวจะดี)	5	ช้อนโต๊ะ
พริกขี้หนูแห้งคั่วป่น	2	ช้อนโต๊ะ
น้ำปลาดี	5 1/2	ช้อนโต๊ะ
หอมแดงปลอกเปลือกซอยบางๆ	1/4	ถ้วยตวง
น้ำมะนาว	5	ช้อนโต๊ะ
น้ำตาลทราย	1 1/2	ช้อนชา
ต้นหอมซอย		
ใบสะระแหน่ โรยหน้า		
ถั่วฝักยาว แตงกวา ผักบุ้ง กะหล่ำปลี		

วิธีทำ

1. แล่เนื้อให้หนาประมาณ 1 นิ้ว คลุกเกลือให้ทั่ว นำไปย่างบนเตาย่างไฟปานกลางค่อนข้างอ่อนให้สุกกำลังดีเนื้อไม่แห้งเกินไป แล้วหั่นเป็นชิ้นบางพอควร
2. ใส่หอมแดง ปรุงรสด้วยข้าวคั่ว พริกป่น น้ำปลา น้ำมะนาว
3. โรยหน้าด้วยต้นหอม ใบสะระแหน่ รับประทานกับผักบุ้ง กะหล่ำปลี ถั่งฝักยาว

Ingredients

Beef with fat part	500	grams
Salt	1	teaspoon
Rice roasted, blended finely (sticky rice preferable)	5	tablespoons
Dry bird chit chili roasted, blended	2	tablespoons
Fish sauce	5 1/2	tablespoons
Red shallot peeled, sliced slightly	1/4	cup
Lemon juice	5	tablespoons
Sugar	1 1/2	teaspoons
Onion leave minced		
Mint		
Green beans, cucumber, chiese water spinach, cabbage		

Directions

1. Slice beef into 1 inch thickness, mix salt well, and grill over light to moderate heat until medium cooked.
2. Put red shallot, taste with roasted rice, blended chili, fish sauce, and lemon juice.
3. Sprinkle with onion leave, mint. Serve with Chinese water spinach, cabbage steing Green beans.

ยำวุ้นเส้น
Yum-Wun-Saen (Noodle Jelly Salad)

ส่วนผสม

วุ้นเส้น	130	กรัม
กุ้งขีแฮ้ แกะเปลือก เอาหัวและเส้นหลังออก	200	กรัม
เนื้อหมูสันในสับ รวนให้สุก	80	กรัม
เห็ดหูหนู	1/2	ถ้วย
ถั่วลิสงคั่วแล้ว	1/2	ถ้วย
ผักกาดหอม(ตกแต่งจาน)	1	ต้น
พริกขี้หนูสด ทุบพอแตกพอประมาณ	20	เม็ด
ต้นหอม ผักชี ต้นคั่นช่าย คลุกเคล้ากัน อย่างละ1	ต้น	

ส่วนผสมน้ำยำ

น้ำปลาดี	3	ช้อนโต๊ะ
น้ำตาลทราย	2	ช้อนชา
น้ำมะนาว	3	ช้อนโต๊ะ

วิธีทำ

1. นำวุ้นเส้นแช่น้ำให้นิ่ม แล้วนำไปลวกในน้ำเดือดให้เส้นนุ่มตักขึ้นแช่ในน้ำเย็นพักให้สะเด็ดน้ำ
2. ต้มน้ำให้เดือดนำกุ้งและเห็ดหูหนูลวกพอสุกพักไว้
3. นำส่วนผสมน้ำยำผสมให้เข้ากัน
4. นำวุ้นเส้น หมูสับ กุ้ง เห็ดหูหนู น้ำยำ คลุกเคล้าให้เข้ากัน โรยหน้าด้วยถั่วลิสง ต้นหอม ผักชี รับประทานกับผักสด

Ingredients

Noodle jelly	130	grams
Shrimp peeled, deveined	200	grams
Pork chopped, well cooked	80	grams
Jelly Mushroom	1/2	cup
Peanut roasted	1/2	cup
Lettuce (for decorative)	1	piece
Bird chili beaten slightly	20	pieces
Fresh green onion leaves, cilantro, and cellery mixed 1 piece each		

Salad juice recipes

Fish sauce	3	tablespoons
White sugar	2	teaspoons
Lemon juice	3	teaspoons

Directions

1. Soak noodle jelly until soft and drained, scald in boiling water until soft, remove into cold water, set for a while, and drained.
2. Heat water until boiling, scald shrimp and mushroom until cooked, set aside.
3. Mix all salad juice until well combined.
4. Mix noodle jelly, shrimp, mushroom, salad juice until well combined. Sprinkle with peanut, green onion leave, cilantro. Serve with fresh vegetables.

หมูสะเต๊ะ
Moo-Sa-Tay
(Marinaded and grilled pork served on skewers with peanut sauce)

ส่วนผสม

หมูสันนอกไม่มีมันติด แล่หั่นเสียบไม้เพื่อเตรียมย่าง	1	กิโลกรัม
ตะไคร้ซอยบางๆ	2	ช้อนโต๊ะ
ข่าหั่นเป็นแว่น	1	ช้อนชา
ลูกผักชีคั่ว	1	ช้อนชา
ยี่หร่าป่นคั่ว	1	ช้อนชา
ผิวมะกรูดหั่นเป็นชิ้นเล็กๆ	1	ช้อนชา
น้ำตาลทราย	2	ช้อนชา
เกลือป่น	2	ช้อนชา
ผงขมิ้น	1	ช้อนโต๊ะ
น้ำมันพืช	5	ช้อนโต๊ะ
น้ำกะทิ	1/2	ถ้วยตวง

วิธีทำ
1. โขลกส่วนผสมข่า ตะไคร้ ลูกผักชี ยี่หร่า ผิวมะกรูด ให้ละเอียดผสมลงในเนื้อหมูเคล้าให้เข้ากัน
2. ใส่น้ำตาล เกลือ กะทิ ผงขมิ้น น้ำมัน เคล้าให้เข้ากันอีกครั้ง เสียบไม้พักไว้ 30 นาที จึงนำไปย่างใช้ไฟปานกลางขณะย่างใช้กะทิผสมกับน้ำตาลนิดหน่อยทาให้ทั่วและย่างจนหมูสุก

วิธีทำน้ำจิ้มหมูสะเต๊ะ
1. โขลกส่วนผสมน้ำจิ้มหมูสะเต๊ะ ให้ละเอียด
2. นำกะทิตั้งไฟใส่น้ำพริกแกงลงผัดให้หอม ปรุงรสด้วยเกลือ น้ำตาลปี๊บ น้ำมะขามเปียก ผักให้เข้ากันใส่ถั่งลิสง ยกลง

ส่วนผสมน้ำจิ้มอาจาด

น้ำส้มสายชู	1	ถ้วยตวง
น้ำตาลทราย	1 1/2	ถ้วยตวง
เกลือ	2	ช้อนโต๊ะ

แตงกวา หอมแดง พริกชี้ฟ้าหั่นชิ้นเล็กๆ และผักชี

วิธีทำน้ำจิ้มอาจาด
1. ผสมน้ำส้ม น้ำตาล เกลือ ตั้งไฟรอให้เดือดสักครู่ยกลงพักไว้ให้เย็น
2. นำแตงกวา หอมแดง พริกชี้ฟ้าใส่ถ้วยน้ำจิ้ม ราดด้วยส่วนผสมในข้อที่ 1 โรยด้วยผักชี

ส่วนผสมน้ำจิ้มหมูสะเต๊ะ

พริกแห้งเม็ดใหญ่แกะเม็ดแช่น้ำ	8	เม็ด
พริกขี้หนูแห้ง	7	เม็ด
ผิวมะกรูดหั่นชิ้นเล็กๆ	1	ช้อนชา
ข่าหั่นละเอียด	2	ช้อนชา
ตะไคร้ซอยบางๆ	2	ต้น
รากผักชีล้างสะอาดหั่น	15	ราก
หอมแดงหั่นฝอย	10	หัว
เกลือป่น	1	ช้อนชา
กะปิดีห่อใบตองเผา	2	ช้อนชา

เครื่องปรุงรสน้ำจิ้มหมูสะเต๊ะ

น้ำปลาดี	2	ช้อนโต๊ะ
น้ำตาลปีบ	1	ช้อนชา
น้ำส้มมะขามเปียก	1	ถ้วยตวง
น้ำกะทิสำเร็จรูป (1 กิโลกรัม)	2	กล่อง
ถั่วลิสงป่น		

Ingredients

Pork-sirloin (no fat part) cut slightly, skewered for grill	1	kilogram
Lemon grass minced	2	tablespoons
Galangal cut into oval	1	teaspoon
Cilantro seed roasted	1	teaspoon
Cumin roasted, blended	1	teaspoon
Kaffir lime skin shredded	1	teaspoon
Sugar	2	teaspoons
Salt	2	teaspoons
Cumin powder	1	tablespoon
Vegetable oil	5	tablespoons
Coconut milk	$1/2$	cup

Directions

1. Grind galangal, lemon grass, cilantro seed, cumin, and kaffir skin until well combined. Mix up them together pork meat.
2. Add sugar, salt, coconut milk, cumin powder, and vegetable oil and stir well. Skewer pork beef into wooden stick and set aside 30 min. After then, grill over moderated heat; sprinkle coconut milk mixed a little bit of sugar during grill until well done.

Recipes of Sa-tee sauce

1. Grind dried chilies, kaffir lime skin, galangal, lemon grass, and red shallots until well blended.
2. Heat coconut milk into the skillet, add prepared curry paste, stir-fry until aromatic. Season with salt, palm sugar, and tamarind juice and stir-fry well again. Add peanut and remove.

Recipes cucumber, onion and vinegar dipping

1. Mix vinegar, sugar, and salt well, heat until boiling, remove, set aside for cool.
2. Place cucumber, red shallots, red-green chilies on sauce bowl. Top them with step 1 ingredients and sprinkle by cilantro leaves.

Ingredients for satay sauce

Big dried chilies deseeded, soaked	8	pieces
Dried bird-shit chilies	7	pieces
Kaffir lime skin cut into small pieces	1	teaspoon
Galangal minced	2	teaspoons
Lemon grass sliced thinly	2	pieces
Cilantro roots, washed cleanly, cut	15	pieces
Red shallots minced	10	pieces
Salt	1	teaspoon
Shrimp paste wrapped by banana leave and grilled	2	teaspoons

Seasoning for Sa-tee Sauce

Fish sauce	2	tablespoons
Palm sauce	1	teaspoon
Tamarind juice	1	cup
Coconut milk ready made	1	kilogram
Peanut blended	1	cup

ไข่ลูกเขย
Kai-Luk-Khey (Fried Egg Topped with sweet-sour sauce)

ส่วนผสม		
ไข่ไก่ หรือ ไข่เป็ดต้มสุก	7	ฟอง
น้ำมะขามเปียก	$1/4$	ถ้วยตวง
น้ำตาลปี๊บ	$1/4$	ถ้วยตวง
น้ำปลาดี	3	ช้อนโต๊ะ
รากผักชี	1	ช้อนชา
กระเทียม	1	ช้อนชา
พริกไทย	6	เม็ด
พริกชี้ฟ้าแห้งทอดกรอบ	$1/4$	ถ้วยตวง
หัวหอมแดงซอยทอดกรอบ	$1/4$	ถ้วยตวง
ผักชี	1	ต้น
น้ำมันพืช		

Ingredients		
Chicken or Duck egg boiled well	7	pieces
Tamarind juice	$1/4$	cup
Palm sugar	$1/4$	cup
Fish sauce	3	tablespoons
Cilantro root	1	teaspoon
Garlic	1	teaspoon
Pepper 6 pieces		
Red chili deep fried	$1/4$	cup
Red shallots sliced, deep fried	$1/4$	cup
Cilantro	1	piece for sprinkle
Vegetable oil		

วิธีทำ

1. นำไข่ลงทอดในน้ำมันร้อนใช้ไฟปานกลางให้เหลืองกรอบทั่วทั้งลูก ตักขึ้นพักไว้

2. โขลกรากผักชี กระเทียม พริกไทยให้ละเอียดแล้วนำลงผัดใน น้ำมันเล็กน้อย

3. ปรุงรสด้วยน้ำตาลปี๊บ น้ำปลา น้ำมะขามเปียกผัดให้ส่วนผสม เข้ากัน เติมน้ำเล็กน้อย เคี่ยวให้ส่วนผสมข้นเล็กน้อย

4. นำไข่ที่ทอดแล้วผ่าครึ่งเรียงใส่จาน ราดด้วยน้ำราด โรยหน้าด้วย หอมเจียว พริกชี้ฟ้าทอดและผักชี

Directions

1. Heat oil into the skillet over medium heat, fry eggs until turned yellow. Remove and set aside.

2. Grind cilantro root, garlic, and pepper until mixed well. Stir-fry them into a lit bit of oil.

3. Add palm sugar, fish sauce, and tamarind sauce to taste, stir well, add some water. Simmer until to thick sauce.

4. Place half cut eggs on the plate. Top with prepared sauce, sprinkled by fried onion, fried chili and cilantro leaves.

ข้าวตังหน้าตั้ง

Kow-Tang-Na-Tang (Crispy Rice with pork, shrimp and coconut dipping)

ส่วนผสม

ข้าวตัง	15	ชิ้น
เนื้อกุ้งสับละเอียด (เอาหัวและเส้นหลังออก)	100	กรัม
เนื้อหมูสับละเอียด	100	กรัม
กระเทียมแกะกลีบปอกเปลือกออก	1	ช้อนชา
รากผักชี	1	ช้อนชา
พริกไทยเม็ด	10	เม็ด
หอมแดงปลอกเปลือกสับละเอียด	2 1/2	ช้อนโต๊ะ
น้ำกะทิสำเร็จรูป (500 กรัม)	1	กล่อง
ถั่วลิสงคั่วเอาเปลือกออก	1/4	ถ้วย
พริกชี้ฟ้าแดงหั่นฝอย	2	เม็ด
ผักชีเด็ดเป็นใบ ๆ เอาไว้โรยหน้า	1	ต้น
น้ำตาลปี๊บ	2	ช้อนโต๊ะ
น้ำส้มมะขามเปียก	2	ช้อนโต๊ะ

วิธีทำ

1. โขลกรากผักชี กระเทียม พริกไทย ให้ละเอียด
2. นำกะทิ 1/2 กล่อง ตั้งไฟนำส่วนผสมที่โขลกไว้ลงผัดให้หอมและแตกมัน
3. ใส่หมู กุ้ง ลงผัดให้เข้ากัน ใส่หอมแดงและกะทิที่เหลือจนหมด รอให้เดือด
4. ปรุงรสด้วย น้ำตาลปี๊บ น้ำปลา น้ำมะขามเปียก ถั่วลิสง โรยหน้าด้วยผักชี และพริกชี้ฟ้าแดง

Ingredients

Crispy rice	15	pieces
Shrimp minced finely, headed in, deveined	100	grams
Pork minced finely	100	grams
Garlic clove peeled	1	teaspoon
Cilantro root	1	teaspoon
Pepper	10	pieces
Red shallot peeled, minced finely	2 1/2	tablespoons
Coconut milk ready made (500 grams)	1	box
Peanut peeled, roasted	1/4	cup
Red chili sliced thinly	2	pieces
Cilantro leaves picked for sprinkle	1	piece
Palm sugar	2	tablespoons
Tamarind juice	2	tablespoons

Directions

1. To grind cilantro root, garlic, pepper until finely combined.
2. To add 1/2 box of coconut milk into the skillet over heat, put mixture from 1. And stir-fry until aromatic and oily fat.
3. Put pork, shrimp, and stir-fry until well combined. Add red shallot and leftover coconut milk, boil.
4. Taste with palm sugar, fish sauce, tamarind juice, peanut, sprinkle with cilantro and chili.

พะแนงเนื้อกระเทียมโทน
Panang-Neua (Red curry with beef and garlic)

ส่วนผสม

เนื้อสไลด์ชิ้นพอดีคำ	1/2	กิโลกรัม
น้ำกะทิคั้นเอง	3	ถ้วยตวง
กระเทียมโทนปอกเปลือกออก	15	เม็ด
ใบมะกรูดหั่นซอย	1	ช้อนโต๊ะ
พริกชี้ฟ้าแดง เขียว เหลือง หั่นแบบเฉียงๆ	5-6	เม็ด
น้ำปลาดี	3	ช้อนโต๊ะ
น้ำตาลปี๊บ	2	ช้อนชา

เครื่องพะแนงปรุงเอง

พริกแห้งเม็ดใหญ่ แกะเม็ดแช่น้ำ	10	เม็ด
พริกขี้หนูแห้ง	10	เม็ด
ข่าหั่นฝอย	1	ช้อนโต๊ะ
ตะไคร้หั่นฝอย	2	ช้อนโต๊ะ
หอมแดง	5	หัว
กระเทียม	3	ช้อนโต๊ะ
ผิวมะกรูดหั่นฝอย	1	ช้อนชา
พริกไทยคั่ว	1/2	ช้อนชา
ลูกผักชีคั่ว	2	ช้อนชา
ลูกยี่หร่าคั่ว	1	ช้อนชา
เกลือ	1	ช้อนชา
รากผักชีหั่นละเอียด	2	ช้อนโต๊ะ

วิธีทำ

1. โขลกเครื่องน้ำพริกแกงทั้งหมดให้ละเอียดเข้ากัน พักไว้
2. นำกะทิ 1 1/2 ถ้วยตวง ตั้งไฟใส่เนื้อลงเคี่ยวให้เนื้อนุ่ม
3. ตั้งกระทะใส่กะทิที่เหลือ เคี่ยวให้แตกมัน นำน้ำพริกแกงลงผัด ให้หอมแล้วใส่ส่วนผสมข้อที่ 2
4. ปรุงรสด้วยน้ำปลา น้ำตาล ใส่ใบมะกรูด พริกชี้ฟ้า กระเทียมโทน รอให้เดือดอีกครั้งยกลงเสิร์ฟ

Ingredients

Beef sliced into well piece	1/2	kilogram
Coconut milk	3	cups
Single clove of garlic peeled	15	pieces
Kaffir lime leaves minced	1	tablespoon
Red-Green-Yellow chili cut diagonally	5-6	pieces
Fish sauce	3	tablespoons
Palm sugar	2	teaspoons

Red Curry Recipes for self made

Big sized dried chili deseeded, soaked	10	pieces
Dried bird chilies	10	pieces
Galanga minced finely	1	tablespoon
Lemon grass cut finely	2	tablespoons
Red shallots	5	pieces
Garlic	3	tablespoons
Kaffir lime skin cut finely	1	teaspoon
Pepper roasted	1/2	teaspoon
Cilantro seed roasted	2	teaspoons
Cumin	1	teaspoon
Salt	1	teaspoon
Cilantro roots minced finely	2	tablespoons

Directions

1. To grind all curry recipes finely until well combined. Set aside.
2. Heat 1 1/2 cups of coconut milk until boiling, add beef, simmer until beef tender.
3. To heat the left over coconut milk in the skillet, simmer until creamy, add curry paste, stir-fry until aromatic, and put the prepared mixture of point 2.
4. Taste with fish sauce, sugar, adds kaffir lime leave, chili, and garlic. Re-boiling and remove for serve.

ลูกชุบ
Lok-Chub (Green peanut in Jelly)

ส่วนผสม

ถั่วเขียวเลาะเปลือก	500	กรัม
กะทิ	4	ถ้วยตวง
น้ำตาลทราย	3 1/2	ถ้วยตวง
วุ้นผง	50	กรัม
น้ำเปล่า	6	ถ้วยตวง
สีผสมอาหารตามชอบ		
ใบไม้ใช้สำหรับตกแต่ง		
ไม้จิ้มฟัน		
โฟม		

วิธีทำ

1. นำน้ำแช่ถั่วให้ท่วม นาน 5-6 ชม. แล้วนำไปนึ่งให้สุก
2. ผสมถั่วกับกะทิและน้ำตาลให้เข้ากันนำไปปั่นให้ส่วนผสมละเอียดเป็นเนื้อเดียวกัน
3. นำส่วนผสมใส่ในกระทะกวนให้สามารถปั้นได้โดยใช้ไฟอ่อน แล้วพักไว้ให้เย็น
4. ปั้นถั่วกวนเป็นผลไม้ชนิดต่างๆ ขนาดประมาณ 1 ซม. แล้วแต้มสีให้สวยงามเสียบไม้ปักไว้บนโฟมให้สีแห้ง
5. ผสมวุ้นกับน้ำตั้งไฟเคี่ยวให้เดือดนานประมาณ 5-10 นาที ตักใส่ชามรอพออุ่น นำถั่วกวนชุบวุ้น 2-3 ชั้น พักไว้ให้วุ้นแข็งตัว ถอดออกจากไม้
6. จัดใส่ภาชนะ ตกแต่งด้วยใบไม้ให้ดูสวยงาม

Ingredients

Green peanut peeled	500	grams
Coconut milk	4	cups
Sugar	3 1/2	cups
Jelly powder	50	grams
Pure water	6	cups
Food Dyestuff as favor color		
Leaves for decoration		
Tooth stick		
Foam		

Directions

1. Soak peanut into full water 5-6 hrs. And stream until cooked.
2. Mix prepared peanut with coconut milk and sugar until well combined. Blend finely.
3. Heat mixture into skillet over light heat. Set aside for cool.
4. Shape blended peanut up to the different fruit at 1 cm. size, paint color nicely, pierce stick. Stick it on foam until dry.
5. Mix jelly powder with water, simmer over heat it about 5-10 min, remove and warm into bowl. Put shaped peanut into jelly water around 2-3 layer coating. Set-aside until jelly hard, take it off from stick.
6. Place on, decorated by leave nicely.

ข้าวเหนียวมะม่วง

Kao-Neuw-Ma-Muang (Sticky Rice with Yellow Mango)

ส่วนผสม

มะม่วงสุก (มะม่วงน้ำดอกไม้)	1	กิโลกรัม
ข้าวเหนียวเขี้ยวงู	1	กิโลกรัม
หัวกะทิ	500	กรัม
น้ำตาลทราย	600	กรัม
เกลือป่น	1	ช้อนชา
ใบเตย	5-6	ใบ
ถั่วทอง	1	ถ้วยตวง

ส่วนผสมหน้ากะทิ

หัวกะทิ	2	ถ้วยตวง
เกลือ	$^{1}/_{2}$	ช้อนชา

วิธีทำ

1. นำน้ำแช่ข้าวเหนียวให้ท่วม นาน 1 คืน นำขึ้นพักให้สะเด็ดน้ำ
2. นึ่งข้าวเหนียวในลังถึงที่รองด้วยผ้าขาวบาง น้ำเดือดพล่านจนข้าวเหนียวสุกนุ่ม
3. ผสมน้ำตาล เกลือ กะทิให้เข้ากันใส่ใบเตยนำขึ้นตั้งไปให้ส่วนผสมเดือด
4. นำข้าวเหนียวที่นึ่งสุกร้อนๆ เทใส่ในอ่างผสม นำกะทิที่เคี่ยวไว้ใส่ คนให้เข้ากันด้วยพายไม้เกลี่ยให้ข้าวเหนียวและน้ำกะทิเรียบเสมอกัน ปิดฝาพักไว้ประมาณ 15 นาที
5. ผสมหน้ากะทิตั้งไฟเคี่ยวให้ข้นใช้ไฟอ่อน ประมาณ 5 นาที ยกลงกรองแล้วพักไว้
6. เสิร์ฟข้าวเหนียว $^{1}/_{2}$ ถ้วยตวง กับมะม่วงสุก แล้วราดหน้าข้าวเหนียวด้วยหน้ากะทิและถั่วทอง

Ingredients

Ripe mango	1	kilogram
Sticky rice	1	kilogram
Coconut milk concentrated	500	grams
Sugar	600	grams
Salt powder	1	teaspoon
Pandanus leaves	5-6	leaves
Peanut	1	cup

Coconut milk recipe for topping

Concentrated coconut milk	2	cups
Salt	$^{1}/_{2}$	teaspoon

Directions

1. Soak sticky rice into water over 1 night and drain well.
2. Place prepared sticky rice on stream utensil laid by thin white fabric, heat water boiling until sticky well cooked and soft.
3. Mix sugar, salt with coconut milk, stir well combined, add panadus leaves. Heat mixture just to boiling.
4. Place cooked sticky rice on mixing bowl, put prepared coconut milk, stir well combined by wooden stick, smooth sticky rice and coconut milk. Covering about 15 min.
5. Heat topping coconut milk over light heat about 5 min. Filter and set aside.
6. Serve $^{1}/_{2}$ cup of sticky rice with mango, sprinkle topping coconut milk and peanut.

วุ้นกะทิ
Wun-Ka-Ti (Coconut jelly)

ส่วนผสม

วุ้นผง	3	ช้อนโต๊ะ
น้ำเปล่า	6	ถ้วยตวง
น้ำตาลทราย	3/4	ถ้วยตวง
หัวกะทิ	3	ถ้วยตวง
เกลือป่น	3	ช้อนชา

วิธีทำ

1. ผสมวุ้นกับน้ำเปล่าคนให้เข้ากันตั้งไฟให้เดือดใส่น้ำตาลเคี่ยวต่อสักครู่
2. ผสมกะทิและเกลือตั้งไฟพอเดือดกรองด้วยผ้าขาวบางพักไว้
3. ผสมวุ้น 2 ส่วน กับหัวกะทิ 1 ส่วน คนให้เข้ากันแล้วหยอดลงไป 3/4 ของพิมพ์ เป็นชั้นที่ 1 รอให้หน้าตึง
4. ผสมวุ้นกับสีผสมอาหารตามชอบ หยอดทับชั้นที่ 1 เป็นชั้นที่ 2 ให้เต็มพิมพ์

Ingredients

Jelly powder	3	teaspoons
Pure water	6	cups
White sugar	3/4	cup
Coconut milk concentrated	3	cups
Salt	3	teaspoons

Directions

1. Mix jelly powder with water, stir well, over heat until boiling, add water, simmer for a while.
2. Mix coconut milk with salt, over heat until boiling, filter by thin white fabric and set aside.
3. Mix 2:1 portions of jelly powder with concentrate coconut milk and stir well. Drop mixture into 3/4 of block area, keep a while until hard facing.
4. Mix jelly powder with food dyestuff. Drop mixture on first layer until fully block area as second layer.

ทับทิมกรอบ
Tub-Tim-Krob (Water chestnut with syrup and coconut milk)

ส่วนผสม

แห้วจีนหั่นชิ้นสี่เหลี่ยม	1	กิโลกรัม
น้ำตาลทราย	2 1/2	ถ้วยตวง
น้ำ	1 1/2	ถ้วยตวง
กะทิ	3	ถ้วยตวง
เกลือ	3	ช้อนชา
แป้งมัน	1/2	กิโลกรัม
น้ำหวานเข้มข้นสีแดง	2	ถ้วยตวง

วิธีทำ

1. แช่แห้วในน้ำแดงให้ทั่วพักไว้ 5 -10 นาทีแล้วจึงนำขึ้นพักไว้ให้สะเด็ดน้ำ
2. นำแห้วลงคลุกบนแป้งให้ทั่วทีละน้อยแล้วร่อนแป้งส่วนที่เกินออก นำลงต้มในน้ำเดือดพล่าน พอแห้วสุกลอยขึ้นตักใส่ลงในน้ำเย็น แล้วนำขึ้นพักให้สะเด็ดน้ำ
3. ผสมน้ำและน้ำตาลตั้งไฟเคี่ยวให้เดือดใช้เป็นน้ำเชื่อม
4. นำกะทิผสมเกลือตั้งไฟพอเดือดยกลง
5. ตักเม็ดทับทิมที่พักไว้ใส่ถ้วย ราดด้วยน้ำเชื่อมใส่น้ำแข็งแล้วราดหน้าด้วยกะทิแล้วเสิร์ฟทันที

Ingredients

Water chestnut cut into square pieces	1	kilogram
White sugar	2 1/2	cups
Pure water	1 1/2	cups
Coconut milk	3	cups
Salt	3	teaspoons
Tapioca flour	1/2	kilogram
Red syrup concentrated	2	cups

Directions

1. Soak chestnut into red syrup water about 5-10 minutes and drain well.
2. Lay chestnut on flour, mix them little by little, take excess of flour out. Put mixed chestnut into boiling water until floating for well cooked into cool water. Remove and drain.
3. Mix water and sugar, boil over heat, and simmer until reduced to syrup.
4. Heat coconut milk mixed salt over heat until boiling. Remove and set aside.
5. Place cooked chestnut on desert bowl, add syrup and flaky ice, top with coconut milk. Serve immediately.

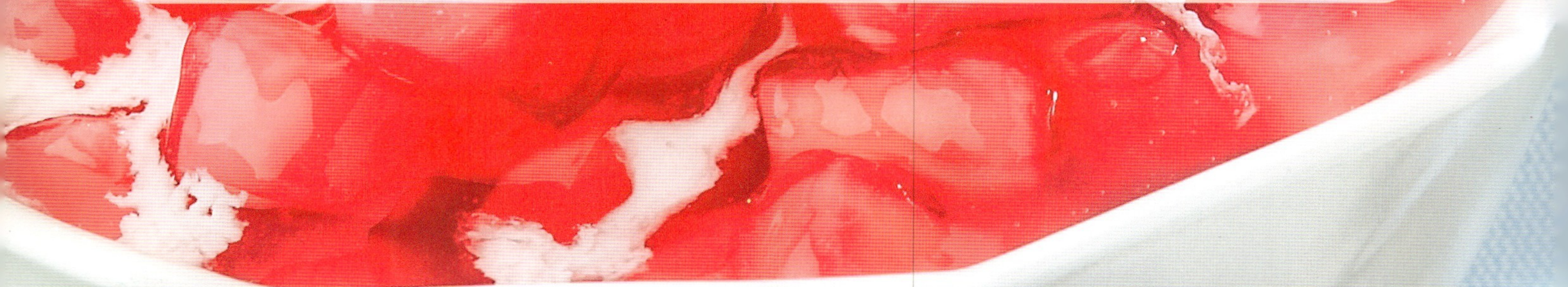

ฟักทองสังขยา

Fuk-Tong-Sung-Ka-Ya (Pumpkin Custard)

ส่วนผสม

ไข่ไก่	1	ถ้วยตวง
น้ำตาลปี๊บ	$^3/_4$	ถ้วยตวง
กะทิ	$^3/_4$	ถ้วยตวง
ใบเตย	4-5	ใบ
ฟักทองผลเล็ก	2	ลูก

วิธีทำ

1. เจาะฝาฟักทองโดยให้ห่างจากขั้ว 1 $^1/_2$ นิ้ว แล้วแกะออก คว้านเม็ดและไส้ในออกให้หมด ล้างน้ำพักไว้ให้สะเด็ดน้ำ
2. ผสมกะทิกับน้ำตาลปี๊บให้ละลายเข้ากัน
3. ขยำไข่กับใบเตยให้ขึ้นฟู นำไปผสมกับกะทิที่ผสมไว้แล้วกรองด้วยผ้าขาวบาง
4. เทส่วนผสมใส่ในผลฟักทอง นำไปนึ่งในลังถึงที่มีน้ำเดือดนานประมาณ 25-30 นาที หรือจนขนมสุก

Ingredients

Egg beaten	1	cup
Palm sugar	$^3/_4$	cup
Coconut milk	$^3/_4$	cup
Pandanus leaves	4-5	leaves
Small pumpkin	2	pieces

Directions

1. Distance from the core 1 $^1/_2$ inches, drill pumpkin, takes lid out, scoop out seeds and filling Clean into water and drain.
2. Dissolve coconut milk and palm sugar until well combined.
3. Squeeze beaten eggs with pandanus leaves until swell up, mix with prepared coconut milk Filter by thin white fabric.
4. Pour the mixture into pumpkin, place it on stream utensil over boiling water about 25-30 minutes or until well cooked.

STEP 4 LIMITED PARTNERSHIP